NOUVEAU

TRAITÉ DE L'ADULTÈRE

ET

DES ENFANS ADULTÉRINS.

IMPRIMERIE DE MADAME HUZARD (NÉE VALLAT LA CHAPELLE),

Rue de l'Éperon, n°. 7.

NOUVEAU TRAITÉ

DE

L'ADULTÈRE

ET DES

ENFANS ADULTÉRINS,

SELON LES LOIS CIVILES ET PÉNALES,

PAR A. BEDEL,

AVOCAT A LA COUR ROYALE DE PARIS.

A PARIS,

Chez {
WARÉE fils aîné, Libraire au Palais-de-Justice ;
F. BERNARD, Libraire, rue Saint-Étienne-des-Grès, n°. 2, derrière l'École de Droit.

1826.

TABLE

DES DIVISIONS ET CHAPITRES.

Pag.

QUATRIÈME DIVISION.

CINQUIÈME DIVISION.

FIN DE LA TABLE DES DIVISIONS ET CHAPITRES.

PRÉFACE.

Il faut à la Jurisprudence des ouvrages spéciaux sur chaque matière. Parmi les sujets qui n'ont point été encore traités d'après nos lois nouvelles, j'ai choisi l'un des plus délicats.

Intérêts pécuniaires, relations de famille, repos, honneur, mariage, liberté, état civil, souvent sûreté personnelle, voilà les droits que l'adultère compromet.

Caractères de l'adultère; qui peut en porter plainte; fins de non-recevoir; présomptions et preuves; excuses justificatives; effets civils; peines; complicité; meurtre des coupables; comment se constate la filiation adultérine; état et droits des enfans adultérins; voilà ce que j'examine.

Sur tout cela la loi était incomplète ou muette, je l'ai développée. Il y avait de quoi faire un gros livre avec des Arrêts et leurs faits, avec des redondances, avec des pages de belles moralités : j'ai prêché le moins possible ; sur chaque question j'ai dit mes raisons sans les redire ; j'ai cité, après vérification, de nombreux Arrêts sans rapporter les faits ; c'est conscience d'enfler, comme j'ai vu faire, un volume d'espèces insignifiantes, de noms, prénoms, interlocutoires, procès-verbaux, etc. Quelquefois j'ai combattu l'opinion d'auteurs honorés, la doctrine d'Arrêts de Cours royales, même de la Cour de cassation ; je ne me le suis permis qu'après un mûr examen, qu'avec de justes égards.

Sous l'empire de l'ancienne Jurisprudence, *Fournel,* auteur de plusieurs autres bons ouvrages, avait publié un *Traité de l'Adultère ;* la seconde édition est de

1783. C'est sur-tout à cette source que j'ai puisé les documens sur le vieux Droit français ; la matière , rajeunie par les nouveaux Codes , demandait un Nouveau Traité. *Loiseau* et d'autres Jurisconsultes estimables ont touché quelques points relatifs aux enfans adultérins ; je les mentionne dans la liste placée à la fin du volume : on y trouvera l'indication d'une foule d'auteurs étrangers qui ont écrit sur l'adultère des dissertations latines : elles ne peuvent être aujourd'hui, et en France, que d'une très-médiocre utilité.

NOUVEAU
TRAITÉ DE L'ADULTÈRE

ET

DES ENFANS ADULTÉRINS,

SELON LES LOIS CIVILES ET PÉNALES.

CHAPITRE PRÉLIMINAIRE.

DES CARACTÈRES DE L'ADULTÈRE.

SOMMAIRE.

1. *De l'adultère en général.*
2. *Définition.*
3. *Tentative.*
4. *L'adultère suppose mariage stable.*
5. *Influence de l'âge du complice sur la qualification de l'infidélité.*
6. *Qualification de l'infidélité suivant le sexe de la personne complice.*
7. *Quand l'infidélité du mari est qualifiée adultère punissable.*

1. L'opinion publique, dans les procès que fait naître l'adultère, n'est pas toujours d'accord avec la loi ; elle se déclare souvent pour les

coupables et ne fait pas grâce à l'accusateur.
Je ne m'arrêterai point à prouver qu'on devrait
pourtant moins d'indulgence à l'adultère; que
parjure, trahison, il impose au mari, à la famille, la charge d'enfans étrangers; que fléau
du bonheur domestique, il traîne à sa suite la
jalousie et les vengeances.

Telle n'est point l'idée que s'en sont faite
quelques peuples : en croirons-nous *Regnard*
lorsqu'il assure que les Lapons implorent de
leurs pasteurs et des étrangers la faveur d'être
par eux remplacés auprès de leurs épouses?
Aux Indes orientales, une femme mariée pouvait se donner à celui qui lui faisait présent
d'un éléphant, fière du prix qu'on mettait à sa
beauté. La femme stérile était obligée de céder
à d'autres ses droits à la couche maritale : cette
loi rappelle celle de *Numa* imitée de *Lycurgue*
et citée par *Plutarque* : « Le mari romain
» ayant jà assez d'enfans à son gré, si un autre
» qui en désirast avoir le venait prier de lui
» bailler sa femme, il la lui pouvait céder, et
» estait en lui de la donner du tout, ou de la
» prester à temps pour la reprendre puis
» après. (Trad. d'*Amyot*.) » Dans une autre
contrée des Indes, les bramines avaient les pré-
mices des jeunes mariées : mais sans recourir
aux mœurs du royaume de Cochin, n'avons-

nous pas dans notre histoire le souvenir d'un droit semblable (1)? On en trouve des traces encore dans le XVIIe. siècle. Ces exemples de l'adultère consacré ou ordonné prouvent par leur rareté que la plupart des législations ont puni ce crime.

2. L'adultère est la violation consommée corporellement de la fidélité conjugale.

Principe : « Les époux se doivent mutuelle- » ment fidélité. » Art. 212, C. civ. (2).

3. L'adultère de cœur n'est pas du ressort des lois. La tentative même de ce délit n'est pas considérée comme délit, art. 3 du C. pén. : en effet une femme chancelle, elle va succomber; soudain le souvenir vif de ses de- voirs, un caprice, que sait-on ? le plaisir de résister, la sauvent, quand elle était à demi vaincue.

Que dire de l'hypothèse suivante : un ren- dez-vous indiqué par un mari à sa concubine est intercepté par l'épouse intéressée ; celle-ci

------

(1) V. BOERIUS, dec. 297.-17. — Les Chapitres d'Amiens, de Mâcon, de Lyon, usèrent de ce droit jusqu'au XIVe. siè- cle. Plus tard, un seigneur fit condamner des époux récalci- trans à faire amende honorable à ses genoux.

(2) La bigamie contient l'adultère, mais c'est un crime à part.

se rend au lieu fixé et reçoit dans l'ombre des hommages destinés à sa rivale : l'homme est absous par le for extérieur.

4. L'adultère suppose mariage. La violation d'un mariage contracté même contre le vœu de la loi, lorsque personne ne peut plus l'attaquer, ou que ceux qui en auraient encore le droit ne l'exercent pas, est un adultère. Quant au mariage annulé, (Voy. N°. 17.)

L'époux qui, pendant l'absence de son conjoint, aurait contracté une nouvelle union, ne peut, sans adultère, faire revivre d'anciens droits en faveur de l'absent de retour, tant que celui-ci ne fait pas annuler le mariage conclu à son préjudice. Le premier n'est pas dissous, il est vrai, mais le deuxième contracté de bonne foi doit être protégé tant qu'il n'est pas légalement attaqué. Des deux maris, le dernier a le droit de possession : *in pari causâ, possessor potior haberi debet.* (L. 128. ff. *de reg. jur.*) L'absent de retour reconnaît, par son silence, le mariage de fait; qu'il le dénonce, s'il veut, aux Tribunaux, mais, en attendant, qu'il le respecte : le sien est suspendu. Sa cause n'est pas favorable; celui-là n'inspire pas grand intérêt, qui laisse sa femme aux bras d'un autre, lui qui peut la réclamer, tandis qu'à en juger par le texte de l'art. 159, C. civ., le second mari ne serait pas recevable à attaquer son propre mariage. Je suppose même qu'il en ait le droit après le retour de l'absent, et n'en use pas, sa turpitude ne sera pas encore égale à celle du premier mari qui ne veut du mariage que des nuits. S'il rétablissait impunément ce droit-là, pourquoi pas les autres? Et dès-lors à qui la femme appartiendrait-elle? Que signifierait cette scandaleuse communauté, cette polyandrie?

Le mort civilement, gracié, ne peut plus rien obtenir, sans délit, de sa femme, tant que dure le nouveau mariage qu'elle s'est crue autorisée à contracter.

5. Une femme corruptrice des mœurs d'un enfant sera-t-elle adultère? Non : elle brûle de l'être; je vois en elle une *Messaline* de cœur; la loi (C. pén., art. 334) a bien aussi des peines pour son attentat, mais elle n'est pas adultère; elle ne concevra pas les fruits d'un crime non consommé; point de complice.

Avec un adolescent, le fait n'est plus sans conséquences, il devient adultère. Le juge n'attendra pas, pour lui reconnaître ce caractère, qu'il ait atteint la puberté indiquée par le C. civ. (art. 144); la raison en est évidente.

On a vu des vieillards tenter, par l'appât

de l'or, la cupidité d'une femme : crime souvent impuissant ; la femme n'en est pas moins adultère.

6. J'appelle encore adultère de la femme son vain commerce avec un eunuque (1) : qu'elle prétende ou non avoir connu la nullité de son complice ; elle ne saurait la prouver judiciairement.

Il est une question dont le développement exigerait un casuiste aussi intrépide que *Sanchez* : si je la présente, c'est qu'une législation moderne et étrangère s'en occupe ; la voici : *an vir cum viro, mulier cum muliere adulterium committat?* Qu'on la juge comme on voudra ; le Code prussien actuel la résout affirmativement. (2ᵉ. part., tit. 1ᵉʳ., art. 672, et tit. 20, art. 1065.)

7. L'infidélité commise par le mari hors de la maison conjugale est bien aussi un adultère ; si sa femme doit tenir pour sacrée la foi promise, cette obligation est réciproque (art. 212, C. civ.) ; ce n'est point seulement un précepte moral établi par la loi, c'est un commande-

---

(1) *At pol ego amatores mulierum esse audieram eos maximos,
Sed. ..*   (TERENT., *Eunuch.*)

ment absolu, mais qui n'a point ici de sanction contre le mari, il le faut avouer. (Voy. N°. 13.)

Cette impunité pour les écarts du mari, tant qu'à eux ne se joint pas la profanation de la maison conjugale, et cette rigueur exclusive contre les femmes, sont conformes à l'ancienne Jurisprudence (1). Les femmes n'auraient pas voté une pareille loi : « Il est plus aisé peut-être, » dit *Montaigne*, d'accuser un sexe, que d'ex- » cuser l'autre. » Toutefois, de fortes consi- dérations justifient cette différence : la femme a des devoirs domestiques ; ses enfans lui sont, à elle plutôt qu'au mari, donnés en garde par la nature même ; qu'elle devienne coupable : elle oublia qu'elle est épouse, se rappellera-t- elle qu'elle est mère ? Ornement du sexe le plus timide, la pudeur est aussi son égide ; une mère infidèle une fois, est désarmée à toujours ; la pu- deur n'est plus là, les séductions se pressent au- tour d'elle. L'adultère de la femme fait plus d'un malheureux ; de sa faute naissent des enfans bientôt chassés de la famille par le mari ; plus à plaindre, objets d'antipathie, s'il est forcé d'accepter une paternité dont il n'a pas la cons-

______

(1) Les peuples les moins avancés en législation admet- taient la même distinction. « *Rutheni pro adulterio non com-* » *putant si vir habens uxorem cum solutâ concubuerit, ex-* » *ceptâ uxore alterius.* » (Russia, *De matrim.* ann. 1630.)

cience. L'adultère de l'homme n'allume la guerre qu'entre deux femmes, guerre souvent bruyante, rarement meurtrière; celui de la femme met en présence deux hommes et le sang coule. Nous n'ajouterons point : « Il vaut » mieux encore, pour maintenir quelque chose » de sacré sur la terre, qu'il y ait dans le ma- » riage une esclave que deux esprits forts. » C'est une femme qui l'a dit, c'est Madame *de Staël*.

Si un mari commet un viol dans la maison commune, il y a de sa part crime complexe, adultère et viol, pourvu qu'il l'ait commis sur une femme nubile. (Voy. N°. 35.)

PREMIÈRE DIVISION.

CHAPITRE PREMIER.

QUI PEUT PORTER PLAINTE D'ADULTÈRE ?

SOMMAIRE.

8. *Le mari seul peut se plaindre de l'adultère de la femme.*

9. Quid ? *si le mari est interdit ?*

10. Quid ? *d'un mandataire ?*

11. *Le ministère public ne peut prendre l'initiative.*

12. *Les parens ne peuvent accuser.*

13. *La femme seule peut accuser le mari. Dans quel cas ?*

14. *Quand les héritiers sont admis à accuser.*

8. « L'adultère de la femme ne pourra être dénoncé que par le mari. » C. pén., art. 336.

Sur ce point l'ancien Droit français était conforme au nouveau.

On a craint le scandale, la malignité trop prompte à soupçonner pour ne pas porter souvent des accusations hasardeuses ; on ne devait pas livrer l'honneur, le repos des familles à la merci des indiscrets : on a mieux aimé admettre la présomption que tant que le mari ne critique point les mœurs de sa femme, c'est qu'elles sont pures. D'ailleurs, puisque, dans l'opinion, les fautes de la femme flétrissent le mari, il était juste de réserver à celui-ci le droit de ne les point révéler. Lui seul est offensé, ou du moins la société l'est moins que par les autres délits.

Moins la peine de l'adultère est terrible, moins il est besoin d'appeler les tiers au droit d'accuser : alors seulement on peut compter sur le mari. *Auguste* ne punit l'adultère que par la relégation, et permit à tout citoyen de se porter accusateur ; *Constantin* prononça la peine de mort contre ce crime, et retira aux tiers désintéressés la faculté de le dénoncer. (L. 30, C. *ad l. Jul. de adult.*) C'était, ce me semble, tout le contraire qu'il fallait établir ; l'accusation publique était inutile sous *Auguste,* elle devenait indispensable sous *Constantin.*

C'est au mari outragé qu'est réservé exclusivement le privilége de la plainte ; ce n'est que pour sauver l'honneur de lui seul qu'a été fait l'art. 336 du C. pén. Celui que la femme aurait épousé en secondes noces ne pourrait s'opposer à ce qu'on poursuivît contre elle les conséquences civiles d'un adultère commis en violation du premier mariage. On jugeait autrement sous l'ancienne Jurisprudence.

9. Le tuteur d'un mari interdit ne pourrait le représenter dans une accusation, même devant les Tribunaux civils, ni la suivre si elle était déjà portée avant l'interdiction. Alléguât-on même qu'un désespoir jaloux a troublé la raison de l'interdit, ce qui ne laisserait guère à douter de la persévérance de son ressentiment, j'appliquerais encore dans sa rigueur la règle : *maritus genialis tori solus vindex ;* l'innocence ou le pardon de la femme, telle est la présomption : que le mari la démente; nul ne le peut si ce n'est lui. (Art. 336, C. pén. Voy. le N°. suivant *in fine.*)

10. Un mari, sur le point de faire un voyage de long cours, pousse son ombrageuse précaution au point de donner à un parent la surveillance sur les mœurs de sa femme; il lui remet pouvoir formel de l'accuser d'adultère, s'il y a lieu, déclarant qu'il ne consentirait jamais, en ce cas, à aucun rapprochement : le mandataire serait-il admis à faire usage d'une semblable procuration ? Non : outre qu'il est dangereux de confier à un tiers, même avoué

par le mari, une mission si délicate, on ne
peut renoncer ainsi d'avance à la faculté d'ab-
soudre, non plus qu'à un autre droit non encore ouvert. (Voy. C. civ., art. 791, 2220.)

A la rigueur, il serait peut-être juste de permettre au mandataire de faire seulement constater l'adultère et de réserver au mari la faculté
d'en poursuivre les conséquences ; mais il y aurait encore là beaucoup d'inconvéniens, et cette
marche ne serait pas d'accord avec l'esprit de
la loi. (Art. 336, C. pén.)

11. Le Ministère public n'est point le cen-
seur des mœurs privées : quels que soient les
déportemens d'une femme, même lorsque la
connivence de l'époux ajouterait au scandale,
il doit se taire. (Art. 336, C. pén. Voy. 'e N°.
précédent *in fine.*)

Mais pour donner l'impulsion à l'action publique, c'est assez de la dénonciation de l'époux
intéressé. M. *Carnot* (*Commentaire* sur le C.
pén., art. 336 et 339) fait à ce propos une distinction fondée, selon lui, sur les termes de
ces articles : « Il suffit, dit-il, d'une simple *dé-*
» *nonciation* de la part du *mari* pour autoriser
» les poursuites. Le Code n'exige pas qu'il en
» ait porté *plainte...* Ce n'est que sur la *plainte*
» *de la femme* et non sur sa simple *dénoncia-*

» *tion* que le mari peut être poursuivi. » Je doute fort que le législateur ait songé à faire cette distinction. Dans le Code d'instr. crim., il est vrai *dénonciation* et *plainte* ne sont pas toujours synonymes ; en général toutes deux sont l'avis d'un délit, adressé à qui de droit, l'une par un individu sans intérêt personnel, l'autre par une personne intéressée; mais la dénonciation faite par un intéressé est une plainte ; la femme qui dénonce l'adultère de son mari ne fait autre chose qu'autoriser par cela seul l'action publique. D'après l'interprétation de M. *Carnot*, le Ministère public ne serait admis à révéler l'injure de la femme qu'après qu'elle aurait réclamé vengeance par une *plainte*, tandis qu'il peut mettre au grand jour l'outrage reçu par le mari, après une simple *dénonciation*, c'est-à-dire sur le seul avis du fait d'adultère, sans demande formelle de réparation : ce serait supposer que la loi montre plus de réserve et de scrupule lorsqu'il s'agit de faire connaître l'affront de la femme que lorsqu'il est question de publier le déshonneur du mari : rien ne fait présumer cette prédilection de la loi, tout au contraire.

Le Ministère public a le droit de poursuivre, non pas comme *adultère*, mais comme *attentats aux mœurs*, les délits prévus par les art. 330,

331 et 334 du C. pén., bien qu'ils soient commis par des individus mariés.

12. La plainte élevée par les parens n'est pas
reçue ; elle l'était en Droit romain. (L. 30, C.
ad l. Jul. de adult.)

13. Il n'appartient qu'à la femme de déférer
aux juges l'adultère du mari. (Art. 339, C. pén.)
Nous avons vu (N°. 7) que lorsque la maison
conjugale était respectée, elle ne pouvait que
supporter en silence les écarts de l'infidèle ;
mais si le mari secoue pudeur et pitié, s'il vient
établir dans le sanctuaire de la famille une
concubine odieuse si elle est insolente, plus dangereuse peut-être si elle est hypocrite, alors
la femme sûre de sa disgrâce donne cours à
ses plaintes, la loi les accueille, « Lorsque le
» le mari aura *tenu* sa concubine dans la maison
» *commune,* » dit l'art. 230 du C. civ. ; « Lors-
» qu'il aura *entretenu* sa concubine dans la mai-
» son conjugale, » dit l'art. 339, C. pén. On
remarque de légères variantes dans ces deux
rédactions ; le sens en est le même.
Un seul fait d'adultère dans la maison conjugale ne suffit pas pour faire dire du mari qu'il y
a *tenu, entretenu* sa concubine. Ces mots supposent séjour de la complice, ou du moins

adultères réitérés dans le domicile commun. Il n'est pas nécessaire qu'il y ait intérêt pécuniaire de la femme *tenue, entretenue.*

Celui qui, déjà famé depuis le mariage par ses adultères commis hors de la maison commune, y viendrait établir sa complice, mais dont la conduite avec elle depuis cette installation ne donnerait plus prise aux griefs de sa femme, celui-là (sauf l'*injure grave*) ne rentrerait pourtant pas sous l'application des articles précités 230 et 339. Solution contraire à l'égard du mari qui entretiendrait sa concubine dans sa maison, mais commettrait ailleurs ses adultères avec elle (1).

Qu'entend-on par maison *conjugale, commune?* Celle qui est le siége de la famille, même lorsque la femme n'y réside pas (2); celle

---

(1) D'après le nouveau Code (an 1819) pour le royaume des Deux-Siciles, qui n'est que le Code français modifié, la femme, art. 219, peut, avec le conseil de deux proches parens, demander la séparation de corps pour adultère, si le mari entretient *publiquement* une concubine. (*Codice per lo regn. delle Due-Sicilie,* part. 1, legge civ.)

(2) Ainsi jugé, Cour de Douai, 24 juillet 1812, Sirey, 13.-2.-33. — Cour de cassat., 21 décembre 1818, Sirey, 19.-1.-163 et 165. — Cour de cassat., 9 mai 1821, Sirey, 21.-1.-349. — Cour d'Agen, 27 janvier 1824, Sirey, 25.-2.-7. — Cour d'Orléans, 16 août 1820. Sirey, 21.-2.-134.

La Cour de Limoges a jugé que lorsqu'un mari abandonne

encore où les époux font un long séjour ensemble : une halte passagère dans une hôtellerie n'en ferait pas une maison *conjugale*. Cette interprétation se puise dans les principaux motifs qui sans doute ont dicté au législateur cette rédaction des articles 230 et 339; ces motifs sont : l'exemple fâcheux offert aux enfans légitimes ; le supplice pour la femme de voir chaque jour celle qui la nargue ou la ruine ; les violences à craindre de sa jalousie irritée de trop près ; sa dégradation aux yeux de ses domestiques, etc. Par les mêmes raisons, la maison commune s'entendrait aussi du logement occupé à part par la concubine et indépendant de celui de la famille, mais sous le même toit.

Il n'y a plus maison *conjugale* : *commune* entre gens déjà séparés de corps, ou lorsque la femme est elle-même en prison pour adultère.

14. Pourront encore alléguer l'adultère d'une manière plus ou moins directe : 1°. les héritiers légitimes de l'époux coupable (Voy. N°. 36), soit qu'ils invoquent la nullité des donations

---

sa femme et tient une concubine dans le nouveau domicile qu'il s'est choisi, la femme ne peut, sur ce seul motif, demander la séparation de corps. (2 juillet 1810, SIREY, 11.-2.-236.)

faites à la concubine (Voy. N°. **62**), soit qu'ils opposent à un enfant adultérin la reconnaissance qu'en aurait faite son père (N°. 74); 2°. les héritiers légitimes de l'époux offensé, exerçant le désaveu ; et même toutes personnes intéressées dans les cas où j'admets qu'elles puissent continuer la procédure en désaveu. (N°. 81. Voir aussi le N°. 45.)

L'article 251 du C. civ. ne souffre pas qu'on entende l'enfant en témoignage dans une procédure de séparation : on penserait peut-être qu'à plus forte raison il ne peut relever en son propre nom l'adultère de son père ou de sa mère, sans blesser le respect dont l'art. 371 C. civ. lui fait un devoir (1) : il n'en est point ainsi ; l'art. 317 du Code en fournit une preuve : il permet aux héritiers sans distinction de contester, dans les cas et délais fixés, la légitimité de l'enfant présumé adultérin, il les reçoit donc à prouver l'adultère ; or, les héritiers sont le plus souvent des enfans légitimes ; c'est en faveur de ceux-là sur-tout qu'on proscrit les fruits de l'adultère. Il faut encore considérer que l'adultère des parens, toujours dommageable aux enfans, compromet beaucoup le respect qui leur est dû ; enfin, dans de pareils débats

____

(1)... *Vindex in matre , patris malus ultor* .... (Senec.).

entre enfans et parens, il ne s'agira jamais que d'une cause civile, les lois pénales ne seront point invoquées; ne voit-on pas dans le C. pén., art. 380, un exemple d'une action civile moralement déshonorante et pourtant permise au fils contre ses père et mère ?

CHAPITRE II.

DES FINS DE NON-RECEVOIR EN MATIÈRE D'ADULTÈRE.

SOMMAIRE.

15. Prescription de l'adultère.

16. Non-résidence de la femme dans la maison assignée pendant l'instance en séparation.

17. Nullité du mariage.

18. Transaction.

19. Réconciliation.

20. Consentement donné à l'adultère.

21. Récrimination.

22. Défaut d'intérêt de l'époux offensé.

23. Si la plainte est reçue contre l'adultère mêlé d'inceste.

15. Les fins de non-recevoir n'ont la plupart rien d'honorable pour qui les oppose ;

elles semblent l'aveu du délit dont elles assurent l'impunité : quelquefois aussi on les
voit proposées par des époux innocens qui aiment leur repos et ne veulent pas courir la
chance d'un jugement incertain.

Une des plus péremptoires est tirée de la
prescription, et ce n'est pas celle qu'on doit
se faire le plus de scrupule de mettre en avant :
le législateur devait-il, plutôt rancuneux que
sévère, laisser exhumer des fautes oubliées du
public, des témoins, et souvent de l'offensé ?
La prescription est un asile pour le repentir :
et l'adultère avait au pardon de la loi un titre
particulier : à mesure que la femme efface ses
erreurs par des années irréprochables, elle
s'achemine vers cet âge où la jeunesse perd son
éclat, le sang son premier feu, où ce n'est plus
enfin la saison de l'adultère ; il n'y a plus de
rechute à craindre pour la femme, à quoi bon
la punir ?

La prescription, d'après la loi *Julia*, était
acquise au bout de cinq ans. (L. 5, C. *ad l. Jul.
de adulter.*)

Suivant les art. 638 et 637 du C. d'instr.
crim., l'action publique et l'action civile résultantes d'un délit de nature à être puni correctionnellement, se prescrivent par trois ans
révolus à compter du jour où il a été commis,

si dans cet intervalle il n'a été fait aucun acte d'instruction ni de poursuite ; au cas contraire, par trois ans à compter du dernier acte. Ces délais sont applicables en matière d'adultère poursuivi même par la voie civile ; c'est toujours un délit.

Quelquefois il arrive que le mari éclate et donne à ses griefs une publicité notoire : cela n'interrompt pas la prescription, il faut instruction ou poursuite.

La prescription serait-elle suspendue si le mari était dans l'impossibilité de connaître ou de poursuivre l'adultère, s'il était absent, par exemple ? La loi 21, C. *ad l. Jul. de adulteriis*, décidait l'affirmative. Je sais qu'en Droit romain, le système des restitutions *in integrum* était plus étendu que dans le nôtre ; je sais encore que nos lois n'ont pas adopté expressément la disposition de cette loi 21 ; mais de leur ensemble en matière de prescriptions résulte (1) ce principe : La prescription ne court point contre celui qui ne peut agir, sur-tout lorsqu'il n'a pu prévoir ni prévenir l'atteinte portée à son droit, ni être représenté. . .

______

(1) Voir notamment les art. 316 et 2252 du C. civ. et deux Arrêts de la Cour de cassation ; l'un du 25 octobre 1813, SIREY, 15.-51, l'autre du 23 avril 1810, SIREY, 11.-63.

16. La femme demanderesse en séparation pour adultère sera tenue de justifier de sa résidence dans la maison qui lui aura été fixée pour retraite pendant la poursuite, sinon le mari pourra la faire déclarer non-recevable à donner suite à sa plainte. (Argum. des art. 269, C. civ. et 878, C. de procéd.) Le défaut de cette justification doit être une exception plus rigoureuse dans une poursuite en adultère que dans toute autre demande en séparation : la femme, on peut le craindre, ne cherche-t-elle pas, en se dérobant à la surveillance du mari, une vengeance plus expéditive que celle qu'elle attend des Tribunaux, plus sensible à l'honneur du mari, et dont il n'aura guère le droit de se plaindre, accusé lui-même ?

17. L'adultère suppose mariage : si l'époux défendeur excipe de la nullité du sien, c'est (1) une fin de non-recevoir. (Voy. art. 189, C. civ.)

---

(1) Cette jurisprudence date de loin en France : *Blanche*, femme de *Charles-le-Bel*, convaincue d'adultère, opposa la nullité de son mariage et fut sauvée. Remarquez, en passant, que les deux frères de ce roi, rois eux-mêmes, ne furent pas plus heureux en femmes. Celle de *Louis Hutin* fut étranglée pour adultère ; celle de *Philippe-le-Long* l'aurait été si son mari n'eût consenti à la reprendre. On connaît assez les révoltes de l'épouse adultère de *Charles VI*.

Mais toute nullité aura-t-elle cet effet ? D'abord, le mariage vicié d'une nullité absolue n'existe point aux yeux de la loi : alors l'infidélité n'est que putative; point d'adultère. Mais si la nullité était relative, le mariage subsistait réellement tant qu'il n'était pas attaqué , il fallait en respecter les liens jusqu'à ce qu'ils fussent rompus par les Tribunaux; il semblerait dès lors que, si l'époux ou tout autre ayant droit n'a invoqué cette nullité que depuis l'adultère, le coupable ne doive pas moins porter la peine de son délit réel : néanmoins ce délit, tout réel qu'il est, restera impuni, parce que, dès que la nullité est prononcée, le seul accusateur que la loi reconnaissait, l'époux perd ce titre et n'a plus de qualité pour soutenir l'accusation. Ajoutez que, sans cela , la femme coupable serait plus rigoureusement punie que si le mariage eût été valide ; personne ne pourrait plus arrêter l'effet de sa condamnation ; elle serait frustrée du bénéfice de l'article 337 , C. pén., *in fine*.

18. La transaction intéressée sur l'adultère ne serait pas valable, elle serait contraire aux bonnes mœurs (Voy. art. 1004 du C. de procéd. , nonobstant l'art. 2046, C. civ.); l'homme dont l'âme de boue vend le pardon et ne le

donne pas, est capable de se faire, par spéculation, le provocateur des adultères de sa femme ; un douanier perfide ne favorise-t-il pas la
contrebande, pour la surprendre ensuite à son
profit ?

Mais cette transaction, sans effet sous le
rapport pécuniaire, empêchera-t-elle le mari
de reprendre, s'il le veut, l'action à laquelle il
avait renoncé ? Oui : elle constate un rapprochement. (Voy. le N°. suiv.) Elle est nulle,
il est vrai, comme obligation, parce qu'une
réconciliation à prix d'argent est immorale,
mais ce n'est point au mari à exciper de cette
nullité qui lui est imputable : *Non iniquè re-
pellitur qui commodum (pecuniarium) vin-
dictæ domûs suæ præponere non erubuit. (L.
11, ff. ad l. Jul. de adult.) Plectitur qui pretium
pro comperto stupro acceperit.* (L. 29, § 2,
eod.)

19. La réconciliation des époux, survenue
soit avant, soit depuis la plainte, éteint l'action
en adultère. Argum. de l'art. 272, C. civ. (1).

La réconciliation n'aurait point ce résultat

---

si elle n'était fondée que sur une erreur bien justifiée.

Des torts ignorés ne sauraient être pardonnés : aussi l'époux qui se prétend rentré en grâce doit prouver que l'autre avait connaissance de l'adultère : autrement le plaignant aurait droit d'imputer ses bons procédés à l'ignorance où il était de l'affront reçu.

L'offensé croit que la femme n'a qu'un seul complice, il pardonne : s'il apprend ensuite qu'elle se livrait à d'autres, il n'est point censé avoir renoncé à poursuivre les adultères découverts ultérieurement.

Si le demandeur nie qu'il y ait eu rapprochement, la preuve s'en fera par lettres et autres écrits, ou par témoins, ou par interrogatoires sur faits et articles (Voy. C. civ., art. 274, et C. de procéd., art. 252, 324, 330), ou par la voie du serment décisoire (1), ou déféré d'office. (Art. 1358, C. civ.).....

En général, l'appréciation des circonstances signalées comme preuves de réconciliation est confiée à la sagacité des juges (2).

---

(1) Suivant Arrêt de la Cour de Trèves, 28 mai 1813, SIREY, 14.-20.

(2) Arrêt de la Cour de cassat., 25 mai 1808, SIREY, 8.- 1.-412.

Allègue-t-on des familiarités, il faudra sur-tout, pour en comprendre la valeur et le sens, consulter le caractère des parties.

On tenait, dans l'ancienne Jurisprudence (1), que si le mari, après avoir découvert l'adultère, continuait à vivre sous le même toit avec sa femme, ce fait le rendait non-recevable à pour-suivre. Il en serait autrement aujourd'hui : avant la plainte portée, la femme adultère peut forcer son mari à la recevoir, comme le mari infidèle peut obliger sa femme à partager avec lui le lieu de sa résidence (art. 214, C. civ.); de même après que l'instance en séparation est commencée, la femme peut, il est vrai, avec permission du président, ne plus habiter avec son mari (art. 878, C. de procéd.); mais elle est libre de ne pas user de cette faculté. Ainsi, le seul fait de l'époux qui continue d'habiter avec l'autre, ne prouve pas la réconciliation (2).

Si la femme demanderesse a choisi, pendant la poursuite, une autre retraite que la maison conjugale, et qu'elle veuille ensuite, avant le jugement, y revenir, elle pourra s'y faire au-

---

(1) D'après le Droit romain, L. 11., C. *ad leg. Jul. de adult.* — Mais voy. *Novell.* 117, c. 8.

(2) Cour de cassat., rejet, 4 avril 1808, SIREY, 8.-237; et Cour de Bordeaux, 9 fruct. an 12, SIREY, 4.-2.-189.

toriser pour juste cause : le droit d'y rentrer résulte pour elle du droit qu'elle avait de n'en pas sortir : son retour ne sera pas non plus un acte de réconciliation (1).

Le *seul* silence du mari ou de la femme, tant qu'il n'y a pas prescription triennale, n'est pas une présomption de rapprochement : *Destitisse eum accipimus qui in totum animum agendi deposuit, non qui distulit accusationem.* (L. 13 ff. *ad senat. turpill.* — Paul., lib. 3 *de adulter.*) Dire qu'après *une* année de silence (2) il y a présomption de réconciliation et fin de non-recevoir, ce serait sacrifier des articles formels, 657 et 658 du Code d'instr. crim., qui accordent *trois* ans pour exercer l'action née d'un délit correctionnel, par conséquent de l'adultère. (Voy. N°. 15.)

D'après l'art. 316 du C. civ., dans les cas où le mari est autorisé à désavouer l'enfant de sa femme, il doit le faire dans un délai très-

---

(1) Cour de Turin, 11 fév. 1810, SIREY, 7.-2.-1162.

(2) M. TOULLIER traitant des fins de non-recevoir contre la demande en séparation de corps, pense, par argument de l'art. 957, C. civ., que si l'époux offensé a gardé le silence pendant un an, depuis la cessation de l'inconduite, les juges devraient déclarer la demande non-recevable à cause de la remise tacite de l'injure : il ne fait pas d'exception pour le cas d'adultère.

court, après lequel il n'est plus admis : « Il est
» supposé, dit M. *Duveyrier* au Corps-légis-
» latif (1), n'avoir pas reçu d'offense ou l'avoir
» pardonnée. » Si tel était le motif de l'art. 316,
le mari qui aurait laissé passer ce terme fatal
sans désavouer, aurait donné lieu à présomption
légale de réconciliation et ne serait plus recevable à poursuivre la femme comme adultère.
Il n'en est point ainsi : la vraie raison qui fit
adopter les délais limités par l'art. 316, quoique
un peu brefs, c'est que « laisser au mari la fa-
» culté indéfinie d'exercer l'action en désaveu,
» c'eût été compromettre l'état de l'enfant que
» la loi doit protéger et qui ne peut long-temps
» rester incertain sans le plus grave inconvé-
» nient (2). » Si le mari ne repousse pas de sa
maison l'enfant étranger à la faute de la mère,
il n'est pas censé pardonner l'offense qu'il a
reçue d'elle ; sa pitié fait grâce à l'innocent,
non pas à la coupable : point de réconciliation.

La réconciliation se manifeste quelquefois
par ses œuvres, par la grossesse de la femme,
survenue depuis la connaissance acquise de l'a-
dultère. Si c'est le mari accusé qui s'en prévaut,
la femme niera-t-elle que la paix ait été signée ?

---

(1) Au nom du Tribunat , 5o ventôse an 11.
(2) M. LAHARY, rapport au Tribunat, 28 vent. an 11.

Elle en porte le traité dans son sein. Refusera-t-elle à son mari l'honneur de la paternité ? Elle aussi est donc adultère : de quoi se plaint-elle ?

Si c'est elle qui se fait de sa grossesse un rempart contre la poursuite d'adultère dirigée par le mari, elle le peut en toute assurance ; elle est enceinte ; elle l'est des œuvres du mari, voilà la présomption légale, le mari, sauf l'exception portée aux art. 312 et 313 du C. civ., ne peut la combattre ; loin d'admettre la grossesse comme preuve de réconciliation, l'imputerait-il à un nouvel adultère, il n'en resterait pas moins possible qu'il en fût lui-même l'auteur : *Potest et mulier adultera esse et impubes maritum patrem habuisse.* (L. 11 , § 9, ff. *ad leg. Jul. de adult.*) Cette possibilité, jointe à la présomption légale justifierait de la réconciliation sur la première accusation ; mais le mari qui aurait ainsi opposé à la fin de non-recevoir de la femme un second adultère commis par elle, aurait la ressource de motiver sur ce nouveau fait une autre demande.

La grossesse peut être niée par l'un des deux époux ; un sursis mettra à même de la vérifier. Il est laissé à la prudence du juge de consentir au sursis ou de le refuser : on conçoit qu'autrement l'allégation de la grossesse reproduite,

par exemple, de six mois en six mois, retarde-
rait indéfiniment la décision du procès. Sans
contester la grossesse, on peut encore soutenir
seulement la conception antérieure à la certi-
tude acquise de l'adultère, ce qui démentirait
l'induction de rapprochement qu'on en préten-
drait tirer : le juge, par une remise de la cause,
s'assurera de la vérité de cette assertion, en
consultant la durée ordinaire de la gestation.
Si, entre l'accouchement et la découverte du
délit, il s'est écoulé moins de cent quatre-
vingts jours, la réconciliation n'est pas prouvée;
si plus de trois cents, elle est prouvée (argum.
de l'art. 312, C. civ.); si plus de cent quatre-
vingts et moins de trois cents, elle est prouvée.

Si l'époux demandeur se désiste formellement, il sera par cela seul engagé, quand même
son désistement n'aurait pas encore été accepté; c'est une exception à l'art. 403 du C. de
procéd. ; le désistement, pour n'être point
encore agréé, n'en est pas moins un acte de
pardon; mais on peut renoncer à une procédure irrégulière pour en reprendre une nouvelle; ce n'est point se désister (1); une simple
suspension de poursuites n'est pas non plus une
renonciation à la plainte.

---

(1) Cour de cassat., rejet 10 mai 1809, SIREY, 9.-264.

En cas de réconciliation, le demandeur sera déclaré non-recevable ; il pourra intenter une nouvelle action pour nouveaux griefs, et alors faire usage des anciens pour l'appuyer.

20. Voici une fin de non-recevoir admissible, mais des plus scandaleuses : c'est le *consentement* donné par le mari à l'adultère. On a vu des hommes affecter la plus profonde indifférence pour l'infidélité de leur femme, ou la vendre à beaux écus comptant (1), ou subalternes ambitieux accepter les outrages d'un homme en place pour avoir un protecteur. Si ces gens-là viennent à regretter leur complaisance, ils ne sont plus admis à se plaindre d'un adultère dont ils étaient les proxenètes (2). On trouve en ce genre quelques monumens d'une haute impudence. L'exemple de plusieurs auteurs graves m'autoriserait à en citer quelques-uns, mais ils ne sont que curieux et dégoûtans : à quoi bon les déterrer ?

Le mari qui n'aurait consenti à céder ses droits qu'à une personne désignée, ne pourrait déférer aux Tribunaux l'adultère commis

---

(1) *Optima sed quarè Cesennia, teste marito?*
  Bis quingenta dedit : tanti vocat ille pudicam.

(JUVEN., sat. 6.)

(2) Voir les art. 530 et 334 du C. pén.

par sa femme avec un autre avant ou depuis cette autorisation. Sa turpitude empêcherait qu'on l'écoutât : *Nullam potest videri injuriam accipere qui semel voluit.* (L. 9, § 1 , ff. *de aquâ et aq.*)

La complicité du mari , le *lenocinium* , chez les Romains , n'était pas seulement une fin de non-recevoir (L. 28, C. *ad l. Jul. de adult.*) , la loi le punissait. (Voy. l. 29 , ff. *eod.*) (1)

21. Il est une autre fin de non-recevoir indiquée par le Code pénal , mais qu'on invoquerait avec succès même devant le Tribunal civil : l'adultère de la femme ne pourra plus être dénoncé par le mari, s'il a lui-même tenu une concubine dans la maison commune. (Art. 336, C. pén. Voy. N°. 13.) La loi permet-elle donc à la femme une trop facile vengeance ? Non ; son adultère n'est pas inquiété, c'est faute d'accusateur, son mari a perdu le droit de l'être : consécration implicite de cette règle, que le mari est le seul vengeur de sa couche ; si l'adultère était comme la plupart des délits

---

(1) L'auteur de la loi *Julia* , si sévère contre les maris complaisans, est *Auguste* , le même qui souffrait, sans colère aucune, que *Livie*, sa femme , favorisât ses adultères et se cherchât des rivales : *Ad vitiandas virgines promptior quæ sibi undiquè etiam ab uxore conquirerentur.* (SUETON. , *in Aug.*, c. 71.)

une affaire d'ordre public, et que la société
fût solidaire de l'honneur des époux, une première infraction aux lois n'aurait pas assuré
l'impunité d'une seconde (1).

L'adultère du mari pourrait-il être dénoncé
par la femme, si elle-même avait violé la foi
conjugale ? Non : l'art. 336 du C. pén. n'ou-
vre, il est vrai, qu'à la femme la voie de la
récrimination ; mais comment ne pas l'accorder à plus forte raison au mari ? Toutefois, un
arrêt qui la lui refuserait échapperait à la cassation (2).

Il n'est pas nécessaire que l'époux attaqué
rapporte, à l'appui de son exception, un jugement déjà rendu pour adultère contre le
demandeur ; il lui suffirait de réclamer qu'avant
d'examiner sa propre cause, on l'admît à faire
preuve de l'infidélité commise par son adver-
saire avant ou après les faits qu'on lui im-
pute à lui-même, pourvu que cette infidélité
ne fût pas déjà prescrite.

---

(1) La loi 13, § 5, ff, *ad l. Jul. de adult.*, disait : *Perini-*
quum videtur esse ut pudicitiam vir ab uxore exigat quam
ipse non exhibet. Mais elle ajoutait : *Quæ res potest et virum*
damnare, non rem ob compensationem mutui criminis inter
utrosque communicare.

(2) Du moins ainsi jugé par la Cour de cassat., le 9 mai
1821, SIREY, 21.-1.-349.

Celui qui, libre de récriminer, s'est laissé condamner faute de l'avoir fait, perd le droit de déférer aux Tribunaux les faits qu'il n'a point fait valoir ; il est censé y avoir renoncé. D'ailleurs, à cette demande tardive, la femme opposerait à son tour le jugement constatant l'adultère du mari : ainsi serait déjouée la politique de celui-ci : son intérêt aurait pu être de ne pas se soustraire, par la récrimination, à l'amende, peine de son délit, afin de poursuivre ensuite la révocation des donations faites à sa femme, etc.

La faculté de dénoncer l'adultère cesse, comme nous venons de le voir, pour celui qui lui-même en est convaincu ; la femme pourra-t-elle donc, en pleine sécurité, abreuver d'outrages sans nombre un homme une seule fois coupable ? Ou bien le mari tiendra-t-il impunément chaque jour de nouvelles concubines sous les yeux d'une femme une fois, une seule fois infidèle ? Monstrueuse conséquence (1) : impossible de l'admettre. Serait-ce un paradoxe que de raisonner ainsi : la plupart des délits ne se compensent point, parce que la société deux

____

(1) Dans l'ancienne Jurisprudence, l'exception tirée de la récrimination empêchait la confiscation de la dot et des reprises, mais la femme n'en était pas moins condamnée à la réclusion. (DESPEISS., *des Crimes*, part. 1, tit. 12, art. 4.)

fois offensée, veut deux réparations ; mais l'a-
dultère a cela de spécial, c'est qu'il est délit
privé ; il intéresse moins que les autres l'ordre
public (art. 336 C. pén.); pourquoi donc ne
pas appliquer ici le principe général en matière
de compensation : lorsque entre deux personnes existent des obligations et des actions réci-
proques et homogènes, elles ne se compensent
que jusqu'à concurrence respective et vivent
pour le surplus ; pourquoi les actions en adultère ne se compenseraient-elles pas dans cette
proportion ? Un mari infidèle est convaincu en
justice, il se plaint ensuite d'un adultère de
sa femme ; il est repoussé, rien de mieux ; il
dénonce un nouvel affront : qu'on le repousse
encore si l'on veut, car enfin il a donné l'exemple, mais voilà sa faute suffisamment expiée
par la tolérance obligée de ces infidélités de sa
femme ; il rentre dans son droit d'accuser, les
torts mutuels sont compensés ; pour établir
cette espèce de balance, le juge fera entrer en
compte toutes les circonstances, calcul à faire
au moyen de l'arithmétique morale. Sans cette
interprétation, qu'un homme commette un
adultère, quel sera désormais le frein d'une
femme autorisée à des représailles et qui pren-
dra plaisir à en user ? Et remarquez bien qu'elle
ne perdrait pas le droit de se plaindre d'un

nouvel écart du mari, tandis qu'elle-même, forte de la condamnation prononcée une fois contre lui, poursuivrait en paix et le front levé, le cours de ses déréglemens : *Ubi nunc, lex Julia, dormis ?* (1)

22. Outre le défaut de qualité (N°. **8** et suiv.), qui fournit une fin de non-recevoir, n'en peut-il pas résulter une, même contre le mari, du défaut d'intérêt ? Par exemple : s'il a commis sur le complice de sa femme un meurtre jugé inexcusable, et qu'il ait été condamné aux travaux forcés perpétuels emportant mort civile, pourra-t-il demander la condamnation *correctionnelle* de sa femme, par le ministère d'un curateur spécial nommé en vertu de l'art. 25 du C. civ.? Son mariage est dissous quant à tous ses effets civils, il est vrai, mais seulement pour l'avenir ; il semble donc qu'il puisse exercer, par un représentant légal, une plainte dont le sujet est antérieur à sa mort civile. Néanmoins je crois sa dénonciation non-recevable ; il n'a point dans cette action un intérêt d'honneur, puisqu'il est séquestré de la société ; il n'a point un intérêt réel à l'amendement des mœurs de sa femme,

----

(1) JUVENAL, sat. 2.

puisque leur union est rompue ; il n'aurait
qu'un intérêt de vengeance , et ce n'est point
assez ; la loi protège les droits , elle ne sert
point' les passions : ajoutez que le mari serait
dans l'impossibilité de tirer de prison sa femme
et de la faire profiter du bénéfice de l'art. 337
du C. pén.

Quant aux effets *civils* de l'adultère et aux
droits des héritiers du mort civilement : (Voy,
le N°. 45.)

23. Une plainte en adultère est-elle non-
recevable , par cela seul que l'adultère , s'il
était prouvé , aurait en outre le caractère d'inceste ? Par exemple : Le mari défendeur peut-il
paralyser l'offre de prouver son adultère , en
alléguant que sa prétendue complice est sa
fille ? On plaida l'affirmative devant la Cour de
Paris, qui repoussa cette fin de non-recevoir.
Son Arrêt fut déféré à la Cour de cassation ,
mais le pourvoi fut rejeté (1). En effet, la circonstance aggravante d'un crime ne saurait être
un titre à son impunité. La loi 34, C. *ad l. Jul.
de adult.* portait : *Si qui adulterii fuerint ac-
cusati , et obtentu proximitatis intentata depu-*

---

(1) Arrêt du 26 juillet 1813. (*Journal de* DENEVERS , t. 13,
p. 425.)

lerint, per commemorationem necessitudinis crimini fidem derogando, dum existimatur non debere credi quod allegatur vel non potuisse committi...... Comme si la preuve d'un inceste consommé ne devait pas l'emporter sur cette présomption de l'impossibilité de l'inceste ; comme si refuser de croire à ce crime et le laisser en paix n'était pas plus scandaleux que le dénoncer à l'horreur publique (1).

CHAPITRE III.

DES PRÉSOMPTIONS ET PREUVES EN MATIÈRE D'ADULTÈRE.

SOMMAIRE.

24. *Des présomptions, exemples.*

25. *Preuve d'un premier adultère, présomption d'un second.*

26. *Grossesse d'une femme enlevée ; prodigalités.*

27. *Naissance de l'enfant, cachée au mari.*

28. *Evaluation des présomptions d'adultère.*

29. *Des preuves d'adultère.*

---

(1) La loi 38, ff. *ad l. Jul. de adult.* portait : *Si adulterium cum incesto committatur, ut putà cum privigna, nuru, novercâ, mulier similiter quoque punictur ; id enim remoto etiam adulterio eveniret.*

30. *Aveu : n'est pas toujours probant.*

31. *Communication* venerei morbi.

32. *Accouchement hors des termes fixés par l'art. 312.*

33. *Autre preuve physique.*

34. *Flagrant délit.*

35. *Preuves qui préjugent l'adultère.*

36. *Preuves requises lorsque l'adultère est articulé par des héritiers.*

24. L'adultère est de tous les délits celui sur lequel le public permet la plus libre carrière à ses conjectures. De tous les délits cependant en est-il un qui soit de preuve plus difficile ? La jalousie a cent yeux, mais l'adultère est hypocrite.

Quelques mots d'abord sur les présomptions d'adultère.

Un faisceau de présomptions légères en peut former une grave, et plusieurs présomptions graves, en même temps précises et concordantes, sont bien voisines de la preuve (1).

J'indiquerai un premier indice dont l'appréciation exige de la sagacité ; ce seront ces vœux illégitimes, révélés par des lettres, fussent-

---

(1) Voy. là-dessus un Arrêt de la Cour de Bordeaux, 27 février 1807, SIREY, 7.-2.-163.

elles écrites sur un ton ambigu, qui en pallie habilement le vrai sens ; ce seront les rendez-vous demandés ou promis ; ce seront les indiscrétions verbales. Si des lettres écrites ou des discours tenus par le prétendu complice à un étranger, au mari ou même à la femme accusée, contenaient de sa part un aveu de l'adultère, ce ne serait qu'une forte présomption contre l'époux défendeur ; ce peut être un mensonge dicté par la vanité, un acte de bravade ou de perfidie. L'aveu judiciaire du complice ne serait lui-même qu'une présomption contre l'époux soupçonné ; l'aveu doit être personnel.

Autre symptôme d'adultère : démarches équivoques, périlleuses ; d'après le Code actuel de la Prusse, « sont assimilées à l'adultère les » liaisons illicites qui motiveront des soupçons » graves d'une infraction à la fidélité conjuga- » le ; le simple soupçon ne suffit pas : néan- » moins lorsqu'il existe un sujet apparent d'un » pareil soupçon, on devra interdire judiciai- » rement à l'époux accusé sur la réclamation » de l'autre, des liaisons ultérieures avec la » personne suspecte (1). » Suivant la *Novelle* 117, c. 15, un mari jaloux pouvait signifier

____

(1) Code prussien, 2ᵉ. part., tit. 1, art. 673 et suiv.

à son rival de fuir sa femme. Si, après trois avertissemens, il le trouvait encore avec elle, l'adultère était prouvé. Devant nos Tribunaux, ces sortes d'imprudences ne seraient point signalées en vain : toutefois l'innocence peut avoir l'allure du vice (1), comme l'hypocrisie celle de la vertu.

25. Des articulations graves, paralysées par une fin de non-recevoir dans un premier procès en adultère, n'en seront pas moins utiles à invoquer, mais comme présomptions seulement, à l'appui d'une seconde plainte intentée pour nouveaux faits ; sur-tout si l'on signale encore comme complice celui ou celle qui avait déjà été accusé une fois. (Art. 273, C. civ.)

26. Une femme mariée fuit la maison conjugale avec un ravisseur ; forte présomption ; plus forte encore si elle devient mère et que

---

(1) Les Hébreux étaient d'une susceptibilité bien prompte ; qu'une femme, chez eux, demeurât cachée avec un homme pendant le temps suffisant, selon l'expression de leurs docteurs, *pour cuire et manger un œuf,* il y avait présomption d'adultère. (SELDEN , *Uxor. hebr.*, lib. 3, c. 13.)

Voir ANT. GUBERT., *de Dot.*, c. 6, N°. 35; il examine gravement *an propter osculum dos amittatur.* (*Tractatus Tractatuum,* t. 9, p. 402.)

l'époque de l'enlèvement se rapporte à celle de la conception. (Voy. N°. **69.**)

Ne donne-t-il pas quelque prise à une présomption d'adultère, celui qui, dans sa maison, faiblit sous l'empire d'une domestique devenue despote; qui pare son idole; qui la comble de présens ?

L'art. 217, C. civ., renouvelé de l'ordonnance de 1731, art. 9, déclare que la femme ne peut acquérir à titre gratuit sans le concours du mari dans l'acte, ou son consentement par écrit; l'un des motifs de cette disposition, c'est qu'il importe au mari de savoir si la source de la libéralité est pure : on en peut conclure que les dons immodérés et sans cause patente, reçus par la femme à l'insçu du mari, sont une présomption d'adultère.

27. Se cacher d'un fait dont on devrait s'enorgueillir, s'en cacher aux yeux de celui qui a le plus d'intérêt à en être instruit, et le serait mieux qu'un autre si ce fait était légitime, ce n'est pas précisément avouer que la conscience d'une conduite reprochable commande un pareil mystère, ce n'est pas l'avouer, mais peu s'en faut; aussi la naissance d'un enfant, cachée par la mère, est une présomption d'adultère. On ne saurait l'invoquer si la femme n'avait pas dissimulé sa grossesse. Il ne suffirait point d'avoir laissé connaître la grossesse, si l'on avait ensuite cherché à en imposer sur l'époque de la naissance arrivée trop tôt pour que le mari revenu, par exemple, depuis peu d'un très-long voyage, pût accepter la paternité. En un mot, pour justifier les doutes du mari, il faut que la femme, à dessein, par *fraude* (art. 316, C. civ.), lui ait *caché* (art. 313) la naissance, à lui ou à ceux qui l'en devaient probablement prévenir. Lorsque seulement elle ne la lui a pas annoncée dans un délai raisonnable, un tel silence, moins grave que la fraude, semble pourtant aussi l'accuser : *Clàm facere videri Cassius scribit eum qui celavit adversarium neque ei denuntiavit, si modò timuit ejus controversiam aut debuit timere.* (L. 3, § 7, ff. *quod vi aut clàm.*)

28. Pour évaluer les diverses présomptions (1), le juge n'a le plus souvent d'autre

____

(1) *Apud Garamantas, nulli certa uxor; passim incertique nascuntur : quos pro suis colant formœ similitudine agnoscunt.* (POMPON. MELA, lib. 1, c. 8.) Des circonstances frappantes de ressemblance entre un enfant et celui qu'on soupçonne d'en être le père adultérin formeraient-elles *contre la femme* une présomption d'adultère? Ce serait accorder beaucoup au hasard, aux caprices de la nature. Par quelle voie con-

guide que la science générale du cœur humain. Des considérations particulières peuvent dans chaque procès en adultère la mettre en défaut ; par exemple, veut-on, d'une démarche imprudente, induire une présomption ? La femme a pu, à force de bonne conscience, braver les interprétations malignes, ou bien, aveugle et inconséquente, ne les pas prévoir ; ou bien encore, une gaucherie n'a-t-elle pas calomnié, par un air de mystère, un tête-à-tête innocent ? La position sociale, le caractère, l'éducation, tout est à consulter.

29. Après les présomptions, voyons les *preuves* positives de l'adultère. Il est d'autant plus important de s'en procurer de formelles, que si l'accusation n'est pas justifiée, la femme peut se prétendre *calomniée* et faire prononcer contre le mari la séparation de corps pour injure grave (1). La *Novelle* 117, c. 9, était plus

venable constater cette ressemblance ? Et puis ne serait-ce pas une recherche indirecte de paternité ? Voyez la question traitée sous le point de vue médico-légal par ZACCHIAS, *Quæst. med. leg.*, lib. 1, tit. 5, *quæst.* 4. — Voyez MENOCH, *de Arbitr. jud. quæst.*, lib. 2, cent., cas. 89, n°. 103.—Voyez MAHON, *Polic. medic. cohabit.*

(1) Ainsi jugé, Cour de Paris, 14 déc. 1810, SIREY, 11.-2.-236, et Arrêt de la Cour de Metz, 7 mai 1807, SIREY, 7.-2.-649.

sévère : le mari qui n'avait pas convaincu sa femme après l'avoir dénoncée, subissait les peines qu'elle eût encourues si le crime eût été établi (1).

Le Code pénal, art. 338, a précisé le genre de preuve admissible contre le complice de la femme, mais il a laissé (2), à l'égard des époux, ce délit dans la classe ordinaire des autres, quant à la preuve.

30. Première preuve, *l'aveu* : il est extrajudiciaire et s'établit par des paroles, lettres ou autres écrits, ou bien il est judiciaire.

L'aveu verbal, fait loin du juge, est tantôt preuve, tantôt présomption : comment en fixer la valeur par une règle absolue ? La parole est si fugitive ! Le sens en peut être modifié par tant d'accidens ! Le ton, le geste, le regard qui

---

(1) Une Juive soupçonnée prenait un breuvage maudit par le prêtre ; innocente, elle le buvait sans danger ; coupable, elle était trahie à l'instant ; son ventre enflait, ses membres se gangrenaient : *Si adulterii rea est, pertransibunt eam aquœ maledictionis, et inflato ventre, computrescet femur.* (*Numer*, cap. 5, vers. 27.)... Le duel judiciaire, chez les aïeux de nos aïeux, était encore admirable pour prouver l'adultère...

(2) Ainsi jugé, Cour de Paris, 24 février 1815, Sirey, 16.-2.-12. — Voy. art. 1348, C. civ.

l'accompagnent, sont tout : les circonstances détermineront aux yeux des magistrats la foi due à un tel aveu.

Quant à celui déposé dans le sein d'un prêtre, on ne peut l'invoquer en justice. La Cour de cassation (1) a consacré le secret de la confession. Sa révélation est un délit prévu par l'art. 378 du C. pén.

Les lettres émanées de l'époux accusé et qui contiennent un aveu sérieux, sont probantes contre lui : le demandeur ne peut guère s'en trouver nanti que si, reconnaissant l'écriture de son infidèle, il les a détournées : l'empêchera-t-on de les produire en alléguant cette violation du secret des lettres ? Non : en général, il est vrai, une lettre, impénétrable aux yeux des tiers, est la propriété de celui à qui on l'adresse (2); un cachet est sacré, c'est un principe de morale publique ; mais n'y a-t-il pas exception en faveur des époux ? Ils ont droit de surveillance mutuelle ; si une lettre écrite par l'un d'eux à son complice, atteste une infidélité consommée, l'autre peut s'en emparer et l'exhiber en justice ; serait-ce le coupable, serait-ce le complice qui s'y opposeraient ? Leur propre

---

(1) Arrêt du 30 nov. 1810, DENEV., t. 9. 1. 18.
(2) Cour de cassat., 12 juin 1823.

délit leur ferme la bouche ; mais si la lettre est adressée à un tiers, simple confident, le demandeur ne sera point admis à en faire une pièce de conviction, à moins qu'il ne l'ait obtenue par une voie légitime.

Un mari reconnaît l'enfant de sa concubine : cette reconnaissance, qui ne peut *profiter* à l'enfant, vaut-elle comme aveu de l'adultère ? Sans doute : nous pensons qu'on est fondé à *l'opposer* à l'enfant (Voy. N°. 71), à plus forte raison à celui qui l'a signée.

L'aveu fait en justice par la femme ne doit laisser aucun doute sur sa propre culpabilité ; seul et à défaut d'autre preuve, il serait déterminant. M. *Fournel*, qui admettait comme décisifs ses aveux contenus dans des lettres, pensait cependant (1re. part., ch. 7) que ceux faits en jugement par elle n'étaient pas suffisans pour la convaincre. Il invoquait ce principe, que l'aveu du prévenu, s'il est isolé de présomptions à l'appui, n'est d'aucun poids. Ce principe généreux, mais qui ne satisfait point la raison, est encore en faveur ; je ne veux point nier qu'on puisse en faire quelquefois une heureuse application ; mais ici une femme vient proclamer son adultère, jeter le doute sur la légitimité de son enfant, infirmer les donations qu'elle reçut de son mari ; la prison l'attend, rien ne la force à parler, elle s'avoue coupable et le juge dirait : « Non, cette femme-là n'est pas coupable...... » Ce serait par trop d'incrédulité. (Voy. art. 244, C. civ.)

Quant à l'aveu du mari défendeur, il ne mérite pas toujours la même foi. Il peut être imaginé pour déguiser une séparation de corps par consentement mutuel (1). Le mari ne se ferait pas grand scrupule de se prêter à ce détour ; il s'avoue coupable, mais il n'y va ni de son honneur ni de sa liberté ; il encourt, il est vrai, une amende correctionnelle et compromet le nom de sa prétendue concubine ; mais outre que celle-ci ne figure pas dans l'instance en séparation, on sent qu'il est dans tout cela de faciles accommodemens. D'ailleurs, la séparation de corps entraîne celle de biens ; or, en matière de séparation de biens, l'aveu du mari ne fait pas preuve. (C. de procéd., art. 870.)

31. La communication *venerei morbi* n'est pas toujours une preuve d'adultère : outre la difficulté de la constater en justice, les circons-

---

(1) « En Suède, le divorce est permis pour adultère de » l'homme ou de la femme, ce qui revient au même que » s'il était permis par consentement mutuel. En Danemarck » il en est de même, à moins qu'on ne puisse prouver la » collusion. » BENTHAM, *Trait. de législ.*

tances seules peuvent apprendre si la cause en
est antérieure au mariage, et auquel des deux
époux on doit l'imputer (1).

32. L'accouchement de la femme prouve
son adultère si le mari établit que pendant le
temps qui a couru depuis le trois centième
jusqu'au cent quatre-vingtième jour avant l'accouchement, il était, soit par cause d'éloignement, soit par l'effet de quelque accident, dans
l'impossibilité physique de cohabiter avec sa
femme. (Art. 312, C. civ. Voy. N°. 73.)

Plusieurs physiologistes ont sérieusement
soutenu la possibilité de la grossesse *sinè concubitu...* (Voy. *Johson; Lucina sinè concubitu.*)

33. Une négresse, femme d'un nègre, une
blanche, femme d'un blanc, est-elle convaincue
d'adultère par cela seul qu'elle accouche d'un
mulâtre? Oui, si l'on s'en rapporte à la décision
émise, à propos d'une question à-peu-près
semblable, par une Académie de médecine ;
(Voy. *Principes de méd. lég.*, de *Metzger*, et
Notes de Ballard.)

34. Parmi les preuves de l'adultère, une de

---

(1) Voy. Arrêt de rejet, Cour de cassat., 16 février 1808,
SIREY, 8.-1.-179.

celles qui doivent laisser le moins d'incertitude, c'est le flagrant délit : que les plus sceptiques le traitent seulement de présomption ; sans doute, c'est un mystère impénétrable ; mais le flagrant délit, présomption si l'on veut, doit être admis comme preuve, ou bien il faut douter de tout.

Il y a flagrant délit lorsqu'on surprend *pudenda in pudendis, solum cum solâ, nudum cum nudâ*, comme dit le pape *Alex. III, extrà, tit. de Præsumpt.*, c. 12. « Le délit qui se commet actuellement ou qui vient de se commettre, est un flagrant délit. » (C. d'instr. crim., art. 41.)

Le flagrant délit est établi ou par témoins (1) ou par procès-verbaux :

Voici quelques observations particulières sur la preuve testimoniale en fait d'adultère spécialement : on doit n'accueillir qu'avec une extrême circonspection, les dépositions à charge faites par les parens et les domestiques ; *par les parens*, lorsque héritiers présomptifs à défaut de descendant légitime, ils peuvent espérer que le père, si la naissance de l'enfant lui a été cachée, le désavouera. Leur intérêt, en témoignant contre la femme, est d'envenimer les faits, d'aug-

---

(1) Chez les Mahométans, qui passent pourtant pour jaloux, il ne faut pas moins de quatre témoins pour prouver l'adultère d'une femme. (*Alcoran*, ch. 4.)

menter les doutes du mari sur sa paternité, et de le pousser au désaveu; ils écarteraient ainsi de la succession, l'enfant dont la survenance avait dépossédé leurs prétentions; *par les domestiques*, lorsque l'accusé de complicité d'adultère est avec eux en service, il est rare qu'ils n'apportent pas dans leur déposition un peu de malveillance, jaloux qu'ils sont d'une préférence dont ils n'ont point été l'objet, et souvent irrités de la morgue ordinaire au domestique favori.

Un enfant, s'il n'était pas trop facile de lui faire sa leçon, serait plus qu'un autre croyable, racontant un adultère : témoin sans illusion, il n'a rien vu des yeux de l'imagination.

L'adultère peut encore être constaté par des procès-verbaux que dresse un officier de police. (Art. 48 et suiv. du C. d'instr. crim.) Ils ne peuvent l'être que sur la réquisition de l'époux offensé.

Les témoignages et les procès-verbaux relatifs au flagrant délit, doivent contenir des faits concluans; si délicates que soient la bouche du témoin (1) et l'oreille du juge, il faut des dé-

____

(1) « Celui qui craint à s'exprimer nous achemine à en
» penser plus qu'il n'y en a : il y a de la trahison à cette
» sorte de modestie. » MONTAIGNE, *Essais.*

tails : le genre descriptif ne doit pas être ménagé : *Aut testes asseverant se vidisse adulterantes, aut sub obscurâ nocte obscena verba cæteraque audivisse, aut recens è vestigiis cognovisse adulterium;* dans ces trois cas, les témoins n'ont précisément à rapporter que ce qu'ils ont vu ou entendu, laissant au juge le soin de l'appréciation. Où se commettait l'adultère? à quelle heure? où étaient placés les témoins? Ce sont autant de points à fixer.

35. Un jugement qui, sur l'action en désaveu du mari, déclare adultérin un enfant, suppose nécessairement l'adultère de la mère prouvé, d'autant mieux qu'elle est appelée à l'action. (Art. 318, C. civ.)

De même celui qui condamnerait le mari pour viol dans la maison commune, supposerait prouvé son adultère. (Voy. N° 7 *in fine.*) Si l'on relève cette preuve, ce ne sera pour provoquer ni la peine correctionnelle de cette infidélité (art. 365, C. d'instr. crim.), ni la séparation de corps. (Art. 232 et 306 du C. civ.)

Au reste, le premier de ces jugemens rendu par un Tribunal civil, obligera-t-il le Tribunal correctionnel, saisi de la plainte contre la femme à tenir son adultère pour constant? L'autre jugement émané d'une Cour d'assises, ferait-il foi, sans examen, de l'adultère du mari, devant un Tribunal civil ou correctionnel? L'art. 1351, C. civ., répond à ces questions : « L'autorité de la chose jugée n'a lieu qu'à l'égard de ce qui a fait l'objet du jugement, il faut que la chose demandée soit la même, que la demande soit fondée sur la même cause, entre les mêmes parties, et formée par elles et contre elles en la même qualité. »

36. Les différentes espèces de preuves qui viennent d'être examinées dans les numéros précédens, sont permises à l'époux outragé, agissant contre l'époux coupable; mais toutes ne doivent pas l'être à des héritiers, qui, dans un procès civil (Voy. N°. 14), se feraient de l'a‑dultère un moyen contre l'infidèle ou son complice (1). Il faudra qu'ils arrivent en justice avec une preuve toute faite : par exemple, un juge‑ment correctionnel aura déjà, sur la demande

---

(1) L'art. 338 du C. pén. porte que les seules preuves qui pourront être reçues contre le prévenu de complicité seront, outre le flagrant délit, celles résultantes de lettres ou au‑tres pièces écrites par le prévenu. Ce genre de preuves, déjà plus rigoureuses que celles accueillies contre la femme, laisse encore un champ vaste aux investigations : aussi je pense que les héritiers ne pourront point le proposer, et qu'il n'est admis que lorsque c'est le mari lui‑même qui dénonce l'adultère de sa femme.

de l'époux offensé, constaté l'adultère (Voyez
N°. 46), ou bien un enfant désavoué aura été
déclaré adultérin, ou bien encore un homme
aura signé comme père un acte de naissance
sans faire connaître qu'il est marié à une autre
femme que la mère du nouveau-né (Voy. N°. 30);
dans tous ces cas et autres semblables, la preuve
de l'adultère est évidente, sans qu'il y ait à or-
donner de recherches fâcheuses, les héritiers la
feront valoir.

CHAPITRE IV.

DES EXCUSES JUSTIFICATIVES EN MATIÈRE D'ADULTÈRE.

SOMMAIRE.

37. *Erreur de l'adultère. Réfutation de la
maxime :* Danti operam rei illicitæ, etc.

38. *Démence.*

39. *Viol.*

40. *De l'admission des excuses justificatives.*

37. L'adultère peut subsister comme fait matériel, mais n'être pas condamnable; voyons les
excuses justificatives.

L'erreur en est une. Un principe que ne dé-
truit pas l'art. 65 du C. pén., c'est que la bonne
foi exclut toute criminalité. Une femme s'aban-

donne à celui qu'elle croit son mari; la fraude et la nuit l'abusent : cette nouvelle *Alcmène* est parfaitement innocente d'un adultère auquel son intention n'eut point de part.

On doit excuser l'époux qui avait des motifs suffisans pour se regarder comme libre quoiqu'il ne le fût pas réellement; si par exemple il représente un acte de décès de l'autre époux, revêtu des caractères apparens de l'authenticité et de la vérité. Il est, je le sais, une maxime répandue : « On n'est jamais dé bonne foi dans le concubinage; dès qu'on a su qu'on faisait mal, on allègue en vain qu'on a dû être convaincu par la force des circonstances qu'on faisait un mal moindre : *Danti operam rei illicitæ imputantur omnia quæ sequuntur etiam præter voluntatem ejus* (1). » Mais je repousse cette proposition; elle me paraît injuste. Un exemple pris dans le Code pénal va la faire apprécier : un homme recèle une chose volée, mais il ignore absolument qu'elle l'a été avec des circonstances aggravantes, entraînant la peine de la réclusion ou des travaux forcés à temps; la loi n'en prononce pas moins contre lui ces peines si gra-

----

(1) Voy. MERLIN, *Répert.*, v°. *Légitimation*, sect. 2, § 2, n°. 10. — POTHIER, *du Contr. de mar.*, part 5, chap. 2, art. 2, § 2, et M. TOULLIER, t. 1, n°. 657.

ves , en vertu de l'adage : *Danti operam , etc.;* il n'est pourtant pas plus coupable réellement que le recéleur d'un objet détourné sans circonstance aggravante, et cependant quelle différence entre la condamnation de l'un , et celle de l'autre ! Cette disproportion de rigueur pour des délits égaux , dépose contre la maxime : *Danti operam, etc.* Les législateurs, tout en l'appliquant dans ce cas, l'ont condamnée eux-mêmes, puisqu'ils ont reculé devant ses conséquences : en effet, en raisonnant toujours d'après elle , ils auraient dû envoyer à l'échafaud le recéleur d'un objet enlevé avec circonstances entraînant peine de mort , quand même il aurait ignoré l'aggravation du vol ; ils ne l'ont néanmoins rendu passible que des travaux forcés à temps, ne lui appliquant ainsi qu'à demi la règle que je combats. J'ai cité cet exemple pour montrer qu'elle est vicieuse; ne fût-elle que dure, je dirais encore que l'emploi qu'en a fait le Code pénal, n'est pas une raison pour l'invoquer contre la femme adultère sans le savoir; les dispositions pénales ne doivent pas s'étendre. Écartons donc l'influence de celle-là , et ne consultons que la raison; suivant la raison, on doit mesurer la peine à la volonté criminelle; tout annonce à une femme qu'elle est veuve, elle ne l'est cependant point, elle entretient des liaisons qui , de fait , et à son insu sont un adultère; la stricte équité répugne à ce qu'on la traite comme coupable de ce délit.

38. « Il n'y a ni crime ni délit lorsque le pré-« venu était en démence au temps de l'action. » (C. pén. , art. 64.) La fureur utérine serait une circonstance justificative; « elle trouble l'esprit, » ôte toute pudeur; lorsqu'elle est à un cer-» tain degré, le mariage ne la calme point. » *Buffon* (1).

39. Celle qui n'a cédé qu'aux menaces n'est pas coupable. (C. pén., art. 64). Le consente-ment ainsi arraché n'est pas consentement; mais il faut menaces sérieuses, graves; péril inévitable, personnel à la femme, ou du moins dirigé contre une tête qui lui doive être chère. *Voltaire, Dict. philosoph.*, rapporte, d'après saint Augustin, un exemple de cette sorte de dévouement; un adultère devint l'héroïsme de la piété conjugale.

La femme, si elle a succombé à la force, est irréprochable, pourvu qu'elle n'ait point par-donné au coupable, peut-être en faveur du

___

(1) ZACCHIAS examine *an inter insanos connumerentur amantes. (Quæst. med. leg.* , lib. 2, tit. 1, quæst. 10.)

crime. Mais son silence sur l'attentat qu'elle a souffert ne prouverait pas, seul, qu'elle n'en garde aucun ressentiment. Elle peut dévorer son affront par une honorable retenue. *Papinien* avait interrogé le cœur humain lorqu'il dit : *Vim passam mulierem in legem Juliam de adulteriis non commisisse respondi, licet injuriam suam, protegendœ pudicitiœ causâ, confestim marito renunciari prohibuit.* (L. 39, ff. *ad l. Jul. de adult.*)

Il n'est pas sans exemple que des femmes convaincues d'adultère aient prétendu avoir été surprises pendant leur sommeil.....

40. En général, ces diverses excuses justificatives, pour être croyables, doivent être prouvées d'une manière irrécusable, parce qu'elles ont à détruire une prévention bien grave, celle qui résulte de l'adultère matériel (1) ; mais quand elles sont établies, l'époux convaincu n'a plus rien à craindre : innocent ou justifié, c'est tout un.

----

(1) Ce n'est pas que j'approuve cet axiome de droit : *Jura prœsumunt omnes mulieres malas esse.* (J. DE NEVIZANIS, *Sylv. nuptial.*, lib. 1.) Maxime impertinente, à l'appui de laquelle J. DE NEVIZANIS cite ses autorités.

SECONDE DIVISION.

DES EFFETS CIVILS DE L'ADULTÈRE.

SOMMAIRE.

41. *Effets civils de l'adultère, suivant le Droit romain, le Droit canonique, l'ancien Droit français, et quelques législations étrangères.*

42. *Séparation de corps ; dommages-intérêts.*

43. *Adultère est-il cause de révocation de donation pour inexécution de condition ?*

44. *Pour ingratitude ? Exception.*

45. *Si les héritiers ont la voie d'action et la voie d'exception ? Révocation des legs.*

46. *Si l'exercice d'une des actions nées de l'adultère exclut l'exercice des autres.*

47. *L'époux adultère peut-il épouser le complice ?*

48. *La femme adultère a-t-elle la tutelle de ses enfans légitimes ?*

41. L'adultère était, suivant le Droit romain, une cause de répudiation (L. 8, § 2, C. *de Repud. Novell.* 22, cap. 15 ; *Novell.* 117, cap. 8.)

Droit canonique : *Quicumque dimiserit uxorem suam, nisi ob fornicationem, et aliam duxerit, mæchatur, et qui dimissam duxerit, mæchatur.* (Matth., cap. 19, v. 9, et cap. 5, v. 52.) Ces mots de l'Évangile avaient diversement été interprétés. Les Pères de l'Église latine n'y voyaient pas la permission du divorce pour adultère, mais seulement celle de la séparation. Selon saint Ambroise et les Pères de l'Église grecque, l'exception *nisi ob fornicationem* autorisait le mari à renvoyer sa femme pour adultère, et à se remarier. Plusieurs Conciles traitèrent la question et s'abstinrent de prononcer ; un plus grand nombre de Conciles postérieurs la décidèrent contre l'avis de saint Ambroise et fixèrent la Jurisprudence canonique dans le sens de l'indissolubilité absolue du mariage (1).

---

(1) Les Pères du Concile de Trente avaient déjà préparé anathème contre quiconque soutiendrait la doctrine du divorce pour adultère ; mais les ambassadeurs Vénitiens firent des remontrances dans l'intérêt des habitans de Chypre et de Candie, etc., qui pratiquaient le divorce pour adultère : « *fù trovato temperamento di non dannar quelli che dicono* » *potersi sciogliere il matrimonio per l'adulterio e contrarne un* » *altro, come san Ambrosio ed altri padri greci dissero e li* » *orientali costumano ; ma anatematizare quelli che dicono la* » *Chiesa fallare insegnando che per l'adulterio il legame ma-* » *trimoniale non è sciolto, ne è licito contrarne un' altro, come* » *dicono i Luteriani.* » (PAOL. SARPI, *Istor. del Concil. Trident.*, lib. 8.)

Aujourd'hui, en Angleterre, l'adultère seul, et en Prusse l'adultère entre autres causes, donne lieu à la dissolution du mariage.

Le Droit français, antérieur à la loi du divorce du 20 septembre 1792, n'accordait pour adultère que la séparation d'habitation.

42. Code civil : « Le mari pourra demander le divorce pour cause d'adultère de sa femme. » (Art. 229.) « La femme pourra demander le divorce pour cause d'adultère de son mari, lorsqu'il aura tenu sa concubine dans la maison commune. » (Art. 230.) « Dans les cas où il y a lieu à la demande en divorce pour cause déterminée, il sera libre aux époux de former demande en séparation de corps. » (Art. 306.) La loi du 8 mai 1816 ayant aboli le divorce, l'adultère n'est plus qu'une cause de séparation de corps.

La femme adultère ne perd plus sa dot ; il en était autrement dans l'ancien Droit (1).

Nos mœurs semblent repousser l'idée de dommages-intérêts dus au mari par la femme adul-

---

(1) POTHIER, *du Contr. de mar.*, n°. 527.

Dès la loi du 20 sept. 1792, l'ancienne Jurisprudence, qui privait la femme de sa dot pour adultère, a été abrogée. Voy. Arrêt de la Cour de cassat., 2 vent. an 11, SIREY, 3.-1.-182.

tère : cependant, à la rigueur, s'il avait éprouvé
un dommage réel, si, par exemple, compromis
par la publicité fâcheuse du procès, il était contraint de transporter ailleurs son domicile, une
réparation pécuniaire pourrait être prononcée
contre la femme, en vertu de l'art. 1382 du
C. civ. sur les délits et quasi-délits.

43. L'adultère est un fait complexe : selon
les différens points de vue sous lesquels on le
considère, on peut lui attribuer des effets plus
ou moins étendus.

Ainsi, le mariage est consenti sous la condition tacite de fidélité : par une suite médiate,
c'est sous la condition de fidélité que sont faites
les donations des époux entre eux par contrat
de mariage : d'où il suit que l'adultère donne
lieu à révoquer ces donations pour inexécution
de la condition. (Art. 953, C. civ.) On pourrait objecter contre cette doctrine une de ses
conséquences même qui d'abord paraîtra injuste : en effet, le principe une fois reçu, il
faudra aussi appliquer l'art. 954, et si la donation révoquée était de biens présens, ils ren-
treront dans les mains du donateur libres de
toutes charges du chef du donataire ; le motif
de l'art. 954, c'est que les tiers connaissaient
la condition résolutoire, ils en ont bien voulu

courir le risque, ils doivent se l'imputer; mais la condition de fidélité conjugale n'est que tacite; imputer aux tiers de n'avoir point prévu qu'une condition tacite pouvait être violée, n'est-ce point trop rigoureux? Je réponds : D'abord, la cause des tiers qui ont contracté avec un donataire est, en général, peu favorisée; les preuves abondent : par exemple, un immeuble est-il recueilli par un donateur en vertu du droit de retour? Il revient libre : est-il dans un partage rapporté en nature? Il revient libre : est-il recouvré par l'effet de la réduction? Il revient libre : les intérêts des tiers sont sacrifiés. (Art. 865, 929, 930, 952, 954, C. civ.) En second lieu, une condition tacite peut quelquefois être résolutoire comme si elle était expresse; *Furgole* disait, et l'on est fondé à dire encore aujourd'hui : « La condition de droit, » que nous pouvons appeler légale, parce que » c'est la loi qui la supplée, doit opérer le » même effet que la condition exprimée. Elle » est de même nature, et la puissance de la loi » est encore plus forte, plus énergique que » celle du (donateur). Si la condition est né-» gative, elle résout la disposition (1). » Or, s'il est une condition qu'on ait droit de regarder

---

(1) *Traité des Testam.*, chap. 7, sect. 2, n°. 35.

comme sous-entendue par la loi et par la volonté de l'homme, c'est bien la condition de
fidélité dans le mariage, et conséquemment elle
n'a pas besoin d'être écrite dans les donations
faites en considération du mariage; elle peut
donc être résolutoire, bien que tacite. (Voy.
aussi l'art. 1184, C. civ.)

Combien de temps durera l'action en révocation pour cette cause ? Trois ans : elle résulte d'un délit, car l'inexécution de la condition et l'adultère sont un seul et même fait ;
l'art. 638 du C. d'instr. crim. est applicable.

L'adultère du mari hors de la maison commune ne sera pas un moyen de révocation sous
ce rapport ; la condition de fidélité lui est bien
imposée, mais avec les restrictions apportées
par la loi elle-même ; la femme s'est forcément
résignée à supporter ce que la loi déclare non
punissable.

44. L'adultère est un *délit* et une *injure
grave* : l'ingratitude d'un donataire, manifestée par des délits ou injures graves envers le
donateur, motive la révocation des libéralités
entre vifs. (Art. 955, C. civ.) Il sera donc
permis à l'époux outragé de poursuivre l'adultère sous ce rapport seulement, s'il le veut ; il
aurait plus d'intérêt à réclamer la révocation

pour cause d'inexécution de condition (N°.
précédent) ; car celle qui a pour cause l'ingratitude doit être demandée dans un délai plus
bref, dans l'année (art. 957 , par exception à
l'art. 638 , C. d'instr. crim.); elle ne préjudicie
point aux tiers (art. 958) ; et cette action ne
peut être intentée par le donateur contre les
héritiers du donataire. (Art. 957.)

. Elle aura pour objet les donations faites avant
le mariage, et même celles qui ont été faites
par contrat de mariage ; mais pour la diriger
contre ces dernières, il faut soutenir que les
donations par contrat de mariage, consenties
par un des époux au profit de l'autre, sont ré-
vocables pour ingratitude, et que l'art. 959,
C. civ., s'applique seulement à celles qui sont
émanées des parens ou étrangers en faveur du
mariage. Cette opinion, appuyée sur les art.
299, 1518 et sur les motifs de l'art. 959, est
combattue par la lettre des art. 959 et 960 :
comme cette question appartient à la matière
des donations et de la séparation de corps et
non à celle de l'adultère en particulier, ce n'est
pas ici le lieu de la développer.

L'adultère du mari *hors de la maison commune* n'est point un acte d'ingratitude dans le
sens de l'art. 955 ; en effet, ce n'est point précisément un délit (art. 1 , C. pén.), puisqu'il

est impuni ; ce n'est pas non plus une injure grave, la preuve en est l'art. 230 combiné avec l'art. 231 du C. civ. : la femme ne peut demander la séparation de corps pour adultère commis au dehors, elle le peut pour injure grave ; donc l'adultère commis au dehors n'est point une injure grave.

45. Les héritiers du donateur, époux offensé, peuvent aussi reprocher au donataire les faits d'adultère considérés comme inexécution de condition : c'est un droit qu'ils tiennent de leur auteur. Ils sont reçus à relever l'ingratitude manifestée par l'adultère ; mais cette cause de révocation, d'après la disposition spéciale de l'art. 957, leur sera ouverte lors seulement que l'action aura été intentée par le donateur ou qu'il sera décédé dans l'année du délit.

C'est une idée reçue qu'en matière d'adultère les héritiers peuvent bien opposer ce délit par voie d'exception, mais non par voie d'action ; je ne vois dans cette doctrine que de l'inconséquence : dès qu'on admet en principe que l'adultère est une cause de révocation d'une donation, peu importe que la chose donnée ait été délivrée et qu'il faille une action pour déposséder le donataire ; peu importe que l'objet de la libéralité soit encore parmi les biens du donateur et qu'il n'y ait alors lieu qu'à exception ; l'exécution de la donation est un fait, et un fait ne saurait détruire un principe. On reconnaît que les héritiers sont fondés à retenir par exception les biens donnés , c'est dire qu'ils y ont droit et que le donataire n'y a plus droit : n'est-il donc pas contradictoire de refuser une action à ceux qui ont droit, contre celui qui ne l'a pas (1) ? Pour le désaveu, qui est une accusation d'adultère, les héritiers ont l'exception et l'action. (Art. 317, C. civ.)

D'après l'art. 1046, le *délit* ou *l'injure grave* du légataire envers le testateur autorisent la demande en révocation des dispositions testamentaires ; les héritiers pourront invoquer cet article contre l'époux infidèle légataire, à moins que celui-ci ne prouve que le testateur avait connaissance de l'adultère et n'en a pas moins persévéré dans sa volonté ; il en sera de même à l'égard des donations faites pendant le mariage, que le donateur pouvait révoquer comme un testament ; ce sera au donataire à établir que le défunt n'ignorait pas le délit.

46. L'exercice d'une des actions qu'engendre

___

(1) Quelquefois on peut retenir ce qu'on n'aurait pu demander en justice , mais c'est dans le cas d'exécution d'une obligation naturelle.

l'adultère n'exclut pas celui des autres : *Nun-quàm actiones præsertìm pœnales de eâdem re concurrentes alia aliam consumit* (L. 130, ff. *de Reg. jur.*); sauf néanmoins cette modification : on doit s'en tenir à la première action intentée lorsqu'elle est virtuellement comprise dans la seconde que l'on voudrait reprendre ; par exemple, un mari fait condamner par le Tribunal correctionnel sa femme dont le complice est *mort* : s'il poursuivait ensuite la séparation de corps seule pour les mêmes faits, il serait non-recevable, en voici la raison : la voie de séparation de corps lui offrait le moyen d'obtenir contre sa femme et l'emprisonnement et ensemble les autres condamnations civiles ; il a choisi la plainte au correctionnel, qui n'entraîne que l'emprisonnement; il est par-là censé avoir renoncé au reste. Lui permettre d'invoquer un effet de l'adultère devant tel Tribunal, puis un autre devant tel autre juge, tandis qu'il peut les réclamer cumulativement devant le même, ce serait favoriser un pur caprice (1); ce serait sans raison multiplier le déshonneur de la femme. Cette modification n'est pas applicable au cas où l'action la première exercée, quoique en partie comprise dans

____

(1) Voyez *Répert. de Jurisp.* de MERLIN, v°. *Délit,* § 1.

la seconde, mène le mari à des résultats que cette seconde n'aurait pas produits; par exemple, il traduit en police correctionnelle et la femme et le complice, il obtient leur condamnation, il est libre ensuite de diriger contre sa femme une action en séparation de corps. Ici, en effet, s'il avait d'abord choisi la plainte correctionnelle, c'est que c'était un moyen de mettre en cause le complice : il n'était pas présumé renoncer à requérir devant les Tribunaux civils la séparation de corps ou d'autres effets civils de l'adultère.

Les mêmes principes serviront à décider dans quel cas, après avoir intenté une des actions nées de l'adultère, on peut, avant jugement, la délaisser pour en exercer une autre ; on est admis à varier du plus au moins, non pas du moins au plus.

47. L'époux contre lequel a été obtenue la séparation de corps pour adultère pourra-t-il, après la mort de l'autre époux, se remarier avec son complice ? Je me décide pour l'affirmative (1). Le doute vient de l'art. 298, C. civ. ; il portait : « Dans le cas de *divorce* admis en

______

(1) M. Delvincourt, notes sur l'art. 298, est d'une opinion contraire.

» justice pour cause d'adultère, l'époux coupable
» ne pourra jamais se marier avec son com-
» plice. » Cette prohibition n'était applicable
qu'au *divorce*; il paraît que telle a été la pensée
du législateur, car en rédigeant le chapitre *De
la séparation de corps*, il répéta dans l'art. 308,
précisément et mot pour mot, la fin de l'art. 298
relative à l'emprisonnement de la femme. Cet
emprunt d'une partie seulement de l'article,
suppose que c'est avec intention qu'on n'a pas
reproduit le reste de la disposition. Les motifs
même qui ont dicté la défense portée en l'art.
298 ne s'adaptent pas à la séparation de corps ;
le divorce rendait libres les époux ; on aurait
commis l'adultère dans la perspective d'une
prochaine union ; l'infidèle aurait « trouvé dans
» le jugement qui le condamnait un titre et un
» moyen de satisfaire une passion coupable (1); »
tandis que la séparation de corps n'avancerait
pas d'une heure la dissolution du mariage qui
le gêne. On pourrait supposer à l'art. 298 un
autre motif : dans l'ancienne Jurisprudence (2),

---

(1) M. TREILHARD , *Exposé des motifs de la loi relative au
divorce*, séance du 19 ventôse an 11.

(2) Voy. BASNAGE *sur la Coutume de Normandie,* art. 255.
— Voy. *Novell.*, 134, c. 12.

Selon les lois canoniques , il y avait empêchement de mariage entre les deux coupables lorsqu'ils avaient comploté

on annulait le mariage contracté entre l'adultère et le complice, *lorsqu'ils avaient conspiré* contre la vie du premier mari ; le Code a proscrit le mariage entre les deux coupables, afin, dirait-on, de *prévenir* de pareils complots, et cette considération a la même force, soit qu'il y ait divorce, soit qu'il y ait séparation de corps... Ce danger, s'il est vrai qu'on l'ait prévu, se réalise-t-il bien souvent ? Deux amans iraient se défaire, par le meurtre, par le poison, d'un époux incommode ! A quoi bon ce crime ? Serait-ce pour assouvir leur débauche ? Mais ils le peuvent sans braver l'échafaud ; serait-ce pour s'attacher l'un à l'autre par le lien légitime du mariage ? Certes on leur supposerait là bien du scrupule sur l'adultère, bien peu sur l'homicide. Il faudrait à l'art. 298 un motif plus frappant que celui-là pour qu'il fût permis de l'étendre à la séparation de corps. Une dernière raison, l'honnêteté publique, est alléguée contre l'union de l'adultère avec son complice : l'honnêteté publique..... ne vaut-il pas mieux, pour elle, leur permettre de réparer par le mariage (1)

---

contre les jours du mari ; mais, dit GERBAIS, on obtient dispense moyennant de grosses pénitences. — Voy. cap. 6, *Extrà de eo qui duxit.* — Voy. aussi can. 64 et 69 du *Concile de Meaux*, tenu en 845.

(1) Comme le portait à ce propos une ancienne loi alle-

leur adultère passé, que de les laisser dans le concubinage ? Enfin, si, par voie d'induction interprétative, on décide que le jugement de séparation de corps·rendu contre un époux entraîne prohibition de mariage entre lui et son complice légalement convaincu, cela mène naturellement à dire que le jugement correctionnel pour le même délit a le même effet; qu'ainsi il y a toujours empêchement entre eux : ces propositions sont combattues par l'art. 331 du C. civ. ; il déclare que les enfans adultérins ne sont pas légitimés par le *mariage* subséquent de leurs père et mère ; donc les deux coupables peuvent se marier ensemble.

48. La femme adultère n'est pas, après la mort de son mari, exclue de la tutelle de ses enfans légitimes, à moins que l'art. 444 du C. civ., qui écarte les gens d'une inconduite notoire, ne lui soit appliqué d'après les circonstances.

---

mande : *Péccatum antcà commissum expiant.* (*Corp. jur. german. jur. provinc:*, c: 375.)

TROISIÈME DIVISION.

49. Chez un peuple pur, tantôt les lois, par leur sévérité, le défendent violemment contre la dépravation; tantôt, douces et tempérées, elles suffisent à des mœurs bonnes par elles-mêmes. Chez un peuple corrompu, quelquefois hérissées de supplices, il leur faut cet appareil pour comprimer la tentation du crime; d'autres fois elles se relâchent, elles désespèrent des mœurs, et s'apaisent de peur d'avoir trop à punir. Les lois contre l'adultère sur-tout ont subi ces variations; on a tout essayé, peine capitale, peines afflictives, peines ignominieuses, peines chroniques, peines pécuniaires. J'en vais citer rapidement des exemples : On ne se soucie guères de savoir que les Parthes, les Lydiens, les Arabes, etc., punirent de mort l'adultère; je ne veux non plus faire d'excursions dans les anciennes lois d'Allemagne et d'Angleterre, j'y trouverais la même rigueur, avec variantes suivant les temps; c'est ainsi qu'en Angleterre la femme était rasée, et promenée dans les villes à coups de fouet, jusqu'à ce qu'elle expirât; à une autre époque, elle avait les oreilles et le nez coupés. Si l'on tient à des détails sur le supplice autréfois usité en Saxe, que l'on consulte *Bonif., Mogunt., archiepisc. epist. ad Athebaldum reg.* Quant aux lois des Wisigoths, je renvoie les curieux au *Codex legum antiquarum.* Les Juifs lapidaient les deux coupables; les Locriens leur arrachaient les yeux; la femme était noyée chez les Turcs, ou enterrée à moitié et lapidée; l'Alcoran permet seulement aux Mahométans de tenir leurs infidèles renfermées dans leurs maisons toute la vie. En Égypte, mille coups de verges pour l'homme, nez coupé à la femme. Au Tunquin, l'adultère était foulée aux pieds par un éléphant. La castration était chez les Espagnols réservée au coupable. Avant l'établissement du christianisme en Pologne, on y forçait l'homme à être son propre bourreau ; un crochet le retenait par les parties pécheresses, il restait seul, sans nourriture ; s'il voulait se délivrer, permis à lui, on laissait à ses côtés un fer tranchant, il avait le choix ou de mourir de faim ou de se mutiler lui-même. — « L'infamie, dit *Bentham*, est un des » ingrédiens les plus salutaires de la pharmacie » pénale..... Il faudrait trouver pour chaque » espèce de délit, une espèce particulière de » déshonneur ; tout cela ne peut s'exécuter qu'a-» vec un appareil nouveau dans la justice, des » inscriptions, des emblèmes, des signes qui » forment des associations ineffaçables entre les » délits et la honte. » *Trait. de législ.* Les habitans de Gortyne avaient eu cette idée ; chez eux l'homme adultère, dégradé du rang de citoyen, frappé d'une forte amende, était offert à la dérision du peuple ; on lui couvrait la tête d'une couronne de laine, symbole de la mollesse. Les Pisidiens promenaient les coupables sur un âne ; même usage à Cumes. La femme Athénienne ne fut pas toujours condamnée à mort, un temps fut, où elle était seulement exclue des cérémonies religieuses, par une sorte d'excommunication. A Rome, sous les rois et sous la république (1), peines arbitraires; sous *Auguste,* relégation; sous quelques empereurs suivans, peine capitale; depuis *Constantin* jusqu'à *Justinien,* dans l'empire soit d'Occident, soit d'Orient, mort pour les deux coupables. *Justinien* décida que la femme adultère serait battue de verges, jetée dans un monastère; le mari avait deux ans pour la reprendre; s'il laissait passer le délai, elle était rasée et renfermée jusqu'à la mort. Aux termes d'une constitution de l'empereur *Léon,* le complice en était quitte pour le nez coupé, on tranchait aussi celui de la femme, puis elle était recluse dans un monastère. Chez nos aïeux, sous les lois saliques, l'adultère était puni d'amendes. Des rois de la première et de la deuxième race en firent un crime capital; à partir de la troisième race, les peines furent empreintes d'un cachet ignoble; celle connue sous la dénomination de *trotari,* consistait à courir nu dans la ville. *Ducange* énumère une vingtaine de coutumes qui l'avaient adoptée; elle était rachetable à prix d'argent; le fouet était aussi en grand usage, des gens d'église, convaincus d'adultère, furent fouettés

---

(1) En une seule année, les amendes imposées aux femmes adultères suffirent à la construction d'un temple consacré à Vénus. (TIT.-LIV., 1 decad., lib. 10.)

et bannis. Ces coutumes honteuses finirent par disparaître. On emprunta des *Novelles* la réclusion de la femme dans un monastère, et même la fustigation ; mais cette dernière peine tomba en désuétude. Le jugement fixait un temps pendant lequel la condamnée resterait au couvent en habit séculier, le mari pouvait la voir et même la reprendre sans formalités ; passé le délai, elle était rasée et revêtue des habits de la maison ; le mari avait encore le droit de la réclamer, il fallait alors un jugement. Le complice était puni de l'amende pécuniaire, de l'amende honorable, du bannissement et même des galères, suivant les circonstances. La Jurisprudence en était là, à la fin du XVIIIe. siècle.

50. J'arrive au système pénal actuellement en vigueur. Son principal caractère est une modération bien entendue, et assortie aux mœurs du temps.

Peine contre la femme adultère. « La femme contre laquelle la séparation de corps sera prononcée pour cause d'adultère, sera condamnée par le même jugement, et sur la réquisition du Ministère public, à la réclusion dans une maison de correction pendant un temps déterminé qui ne pourra être moindre de trois mois, ni excéder deux années. » (Art. 308 du C. civ.)

« La femme convaincue d'adultère subira la peine d'emprisonnement pendant trois mois au moins, et deux ans au plus. » (Art. 337 du C. pén.)

Une suffisante latitude est laissée au juge ; rigueur contre la malice qui se fait un jeu de l'adultère, contre la lubricité, contre les infidélités vénales ; mais il y a loin d'une *Messaline* altérée d'hommes, de cette forcenée adultère, à la faible pécheresse que le *Christ* rassura par cette douce sentence : « Allez, et ne péchez plus. »

51. Il est permis, cela n'est pas douteux, à l'époux offensé, au lieu de s'adresser au Tribunal civil qui prononcerait et la séparation de corps et la peine correctionnelle, de s'adresser simplement aux juges ordinaires des délits qui ne statueront que sur la peine. L'époux innocent pourra ainsi poursuivre ensemble au correctionnel les deux coupables, ce qu'il n'eût point été admis à faire au civil. Il aura quelquefois intérêt à suivre cette voie plutôt que celle de la séparation de corps, lors, par exemple, que la dissolution de sa communauté de biens, suite de la séparation de corps, dérangerait toute l'économie de ses spéculations financières, s'il est commerçant.

52. Le mari peut bien (Voy. N°. 54) arrêter

l'effet de la condamnation ; mais lors même que pour épargner à sa femme la tache ignominieuse de la peine, il déclarerait d'avance qu'il ne la laissera point emprisonner, s'en tenant aux autres effets du jugement à intervenir contre elle , cette déclaration n'empêcherait ni le Ministère public de requérir, ni le Tribunal de prononcer la peine correctionnelle. Une réconciliation entière pourrait seule avoir cet effet.

Et même la lettre de la loi semblerait décider qu'avant le jugement, le mari n'a qu'un privilége, celui d'avoir seul qualité pour dénoncer l'adultère ; qu'une fois le délit révélé par une plainte, tout rentre dans le Droit commun et que la peine peut, malgré la réconciliation entière, être requise et infligée, sauf au mari à faire grâce ensuite; mais il faut plutôt reconnaître que, d'après l'esprit du C. pén., art. 336, le mari a exclusivement le droit non-seulement de dénoncer, mais encore de faire constater par jugement définitif son déshonneur: « L'action » du Ministère public cesse d'avoir un carac- » tère légal, lorsque, pendant les poursuites, » le mari retire sa dénonciation, ou qu'il en » anéantit l'effet par le pardon ou la réconcilia- » tion (1). »

____

(1) Cassat., 7 août 1823, SIREY, 23.-1.-382.

Suivant Arrêt de cassat. du 22 août 1816, SIREY, 20.-1.-

Selon les mêmes principes, le Ministère public serait non-recevable, si, pour l'application de la peine, il appelait d'un jugement en premier ressort qui acquitterait la femme, et dont le mari n'appellerait pas. Ce défaut d'appel est un acquiescement, un pardon; il faut devant la Cour, comme devant les premiers juges, le concours et du plaignant et de la partie publique.

Si le mari demande, pour adultère, non la séparation de corps, mais seulement la révocation de donations par lui faites à sa femme, ou s'il désavoue un enfant conçu pendant le mariage, le Ministère public devra-t-il s'emparer des faits allégués, s'ils sont prouvés, et provoquer la peine? L'art. 337 du C. pén. conçu en termes généraux, et l'art. 22 du C. d'instr. crim. le lui permettent et l'y obligent; mais son réquisitoire ne sera porté régulièrement que devant le Tribunal correctionnel. Le juge civil saisi de l'instance en révocation ou en désaveu, ne serait pas compétent. (Voy. N°. 55.)

Après la mort du mari, de quelque manière

45, une fois l'adultère de la femme dénoncé par le mari, les poursuites du Ministère public ne peuvent être ni arrêtées ni suspendues par la demande en séparation de corps que forme postérieurement le mari.

que l'on vienne à constater en justice l'adultère de la femme (Voy. N°. 14), elle ne pourra plus être condamnée à l'emprisonnement (1); ce serait une vaine réparation, puisque l'offensé ne serait plus là pour en être témoin; et il n'a sans doute pas été dans l'intention de la loi qu'une action civile, celle en désaveu, par exemple, intentée le plus souvent par les enfans mêmes de la femme adultère, entraînât contre leur mère des condamnations pénales.

53. Si la femme avait moins de seize ans lors du délit, il serait dérisoire de prétendre qu'elle a agi *sans discernement*, pour lui faire appliquer le bénéfice de l'art. 66 du C. pén.; mais elle n'encourra qu'un emprisonnement de moins d'un an. (Art. 69, *ibid.*) (2).

La femme qui aurait une première fois été

---

(1) Consulter là-dessus l'Arrêt de la Cour de cassat., rejet du 17 juin 1813, SIREY, 16.-1.-14, duquel on peut induire que, lorsqu'un mari avait fait prononcer *le divorce* pour adultère, et que la femme avait été condamnée à la réclusion par Arrêt frappé de recours en cassation, s'il arrivait que le mari décédât avant l'Arrêt de cassation, et par conséquent avant la prononciation du divorce par l'officier de l'état civil, la condamnation restait sans effet pour la réclusion comme pour le divorce.

(2) D'après l'art. 463 du C. pén., dans tous les cas où la peine d'emprisonnement est prononcée, si le *préjudice causé*

condamnée à un emprisonnement de plus d'une
année, le sera, en cas de récidive, à deux ans
au moins et quatre au plus. Elle sera mise sous
la surveillance spéciale du Gouvernement pendant au moins cinq années et au plus dix. Cette
aggravation pour récidive aura lieu quand même
le mari aurait, avant l'année, arrêté l'effet de
la première condamnation, en reprenant sa
femme ; quand même aussi le second adultère
serait poursuivi sur la plainte d'un nouveau
mari autre que celui qui avait obtenu le premier jugement ; quand même enfin la seconde
condamnation serait prononcée par le Tribunal
civil. Cela résulte de la disposition générale de
l'art. 58 du C. pén. ; mais voy. l'art. 214, C. civ.
et le N°. 54 ci-dessous.

54. « Le mari restera le maître d'arrêter
l'effet de la condamnation correctionnelle, en

---

n'excède pas 25 francs et s'il y a des circonstances atté-
nuantes, les Tribunaux peuvent réduire l'emprisonnement
au-dessous de six jours. Cet article semblerait ne point être
applicable au cas d'un adultère ; car le dommage moral qu'il
cause ne saurait être apprécié en argent ; mais il a été plusieurs fois jugé par la Cour de cassation que l'art. 463 est
applicable aux délits même qui occasionnent un tort plutôt
moral que matériel. Voy. plusieurs arrêts dans SIREY, 16.-
1.-55 et suiv.

consentant à reprendre sa femme. » (Art. 337 du C. pén. et 309 du C. civ.)

La faculté de délivrer la détenue est introduite à la seule considération du mari que la réclusion de sa femme avait réduit lui-même à une espèce de veuvage. Aussi est-ce pour lui un droit dont la condamnée voudrait en vain le priver en refusant sa mise en liberté : elle devra revenir sous le même toit s'il l'exige, quand même la séparation de corps aurait été prononcée en même temps que l'emprisonnement; car le mari est libre de renoncer aussi à la séparation de corps obtenue par lui : *Unicuiquè licet contemnere hæc quæ pro se introducta sunt.* (L. 41, ff. *de Minor.*)

Mais, de son côté, la femme tirée de prison pourrait-elle le forcer à la recevoir? Oui (art. 214, C. civ.); si même il y a eu contre elle un jugement de séparation de corps, le mari consentant à la reprendre se désiste, par cela seul, de ce jugement; il doit l'accueillir dans sa maison : c'est à cette condition qu'on lui permet de faire grâce.

On pensait, dans l'ancienne Jurisprudence (1), qu'après avoir une fois repris sa femme du couvent où elle était renfermée pour adultère, le

____

(1) JOUSSE, *Just. crim.*, v°. *Adult.*

mari n'était plus admis désormais à l'accuser d'infidélités nouvelles. Cette doctrine est trop contraire à la raison pour être suivie aujourd'hui ; le pardon ne saurait être un brevet d'impunité.

Le consentement à la délivrance pourra être donné soit devant notaire, soit sur le registre d'écrou (Arg. du C. de procéd., art. 801), soit de toute autre manière formelle ; la femme serait reçue à en faire preuve par témoins. (Arg. de l'art. 274, C. civ.) Le mari n'a plus le droit de le rétracter, il est acquis à la détenue ; un nouvel adultère même nécessiterait un nouveau jugement.

Sous l'ancien Droit, les Tribunaux permettaient quelquefois aux femmes *authentiquées* de sortir du couvent après la mort de leur mari. Il faudrait aujourd'hui des lettres de grâce. (Art. 67 de la Charte.)

Si la condamnée parvient à faire déclarer nul son mariage, son emprisonnement doit cesser : *Cùm causa non consistit, nec ea quæ sequuntur locum habent.* (L. 178, ff. *de Reg. jur.*)

55. Peine du mari : « Le mari qui aura entretenu une concubine dans la maison conjugale et qui aura été convaincu sur la plainte de sa femme, sera puni d'une amende de cent

francs à deux mille francs. » (Art. 339 du C. pén. Voy. l'art. 1424 du C. civ.)

Il sera bien rare que la femme dénonce au Tribunal correctionnel l'adultère de son mari : que gagnerait-elle à faire prononcer l'amende contre lui ? Mais si elle intente une demande en séparation de corps, le Tribunal civil renverra-t-il devant le Tribunal correctionnel pour appliquer l'amende, ou pourra-t-il, sur la réquisition du Ministère public, l'appliquer lui-même ? Puisque la loi ordonne au juge civil, saisi d'une instance en séparation de corps, de condamner en même temps à l'emprisonnement la femme adultère, elle semble lui accorder implicitement la même prorogation de pouvoir à l'égard de l'amende correctionnelle encourue par le mari ; les raisons sont les mêmes. Néanmoins le Code civil n'autorisant pas expressément cette extension de juridiction, le Tribunal civil sortirait des limites de ses attributions s'il prononçait l'amende.

QUATRIÈME DIVISION.

DU COMPLICE DE L'ADULTÈRE.

SOMMAIRE.

56. *Définition de la complicité.*

57. *Qui peut dénoncer le complice ?*

58. *Juridiction.*

59. *Questions sur les droits du Ministère public contre le complice. Fins de non-recevoir.*

60. *Preuves contre le complice.*

61. *Faits justificatifs qu'il peut invoquer.*

62. *Donations valent-elles entre concubins adultères ?*

63. Quid *s'ils se marient ?*

64. *Révocation des donations faites au complice.*

65. *Peines contre le complice de la femme.*

66. *Et contre la concubine du mari.*

67. Appendice : *Du meurtre des adultères ; suites pénales et civiles de ce meurtre commis par le mari.*

56. Par *complice* de l'adultère, il faut entendre non-seulement l'amant de la femme ou la concubine du mari, mais toute personne qui aurait sciemment favorisé le délit. (Art. 60 du C. pén.)

57. Les mêmes personnes qui n'ont point qualité pour dénoncer l'époux adultère, ne peuvent dénoncer le complice ; car, accuser celui-ci, c'est indirectement accuser l'autre. Voici une hypothèse qui offre du doute : celle qu'une femme signale comme concubine de son mari est mariée elle-même ; la plaignante sera-t-elle recevable à la dénoncer comme complice ? Répondez oui, il en résultera qu'elle attente au droit qu'a seul le mari de cette complice de révéler son propre déshonneur : Répondez non, ce sera interdire à la demanderesse le droit qu'a toute femme de déférer aux Tribunaux sa rivale. Dans ce conflit, il faut opter pour la solution que réclament les mœurs à venger, et dire que la complice, fût-elle mariée, peut être accusée par l'épouse intéressée.

58. Peut-on, dans une instance civile en séparation de corps pour adultère, mettre en cause le complice à raison de la connexité, pour punir en même temps les deux coupables ? Je ne le pense point ; l'adultère de la femme est une matière moitié pénale, moitié civile par son influence sur le mariage ; mais la complicité n'a

point par elle-même ce double caractère, c'est un délit tout correctionnel ; la répression en appartient exclusivement au juge correctionnel.

59. Comme la preuve de la complicité entraîne celle de l'adultère, le Ministère public ne doit point actionner le complice tant que le mari garde le silence.

Mais si celui-ci, après la séparation de corps obtenue, ne traduit point le complice devant les Tribunaux, le Ministère public a-t-il mission pour le poursuivre ? Oui : il reprend ses attributions dès que le délit est judiciairement établi.

Lorsque le mari s'est désisté, avant jugement, de la plainte portée contre sa femme, le complice, à moins que l'offensé n'ait fait des réserves contre lui, est à l'abri des poursuites du procureur du Roi (1). A quoi servirait au demandeur de pouvoir arrêter et prévenir la preuve judiciaire de l'adultère de sa femme, si le Ministère public avait droit de faire constater son injure en livrant le complice aux Tribunaux ?

Les fins de non-recevoir personnelles à la femme ne profitent point au complice.

____

(1) Jugé en sens contraire par la Cour de Rouen, 1er. août 1816, SIREY, 17.-2.-170.

On jugeait sous l'ancienne Jurisprudence, et M. *Carnot* pense (1) encore que la plainte dirigée par le mari contre le complice de l'adultère ne serait pas recevable s'il ne la faisait porter en même temps contre sa femme. Je ne puis me rendre à cette opinion. L'adultère, il est vrai, suppose deux coupables ; mais où est la nécessité que tous deux soient inquiétés ? Le mari veut forcer son infidèle à la reconnaissance et commander ainsi son repentir ; il lui épargne la honte d'une condamnation. Mais il ne doit point au complice le sacrifice de son ressentiment : faut-il donc le réduire au choix ou de pardonner, à cause de sa femme, au rival qu'il voudrait faire punir, ou de faire, à cause de son rival, flétrir une femme à laquelle il voudrait pardonner ? Il peut avoir de même de graves motifs pour ne provoquer de jugement que contre la femme et point contre le complice.

60. Le Code pénal, art. 338, a déterminé les preuves seules admissibles contre *le complice :* ce sont, « outre le flagrant délit, celles résultantes de lettres ou autres pièces écrites par lui. » D'autres circonstances probantes pour-

______

(1) *Comment. sur le C. pén.*, art. 338, n°. 1.

ront suffire contre les personnes qui sont réputées complices pour avoir favorisé le délit,
de même que contre la femme ; alors on tiendra
pour certain qu'elle est coupable d'un adultère ;
on en poursuivra contre elle les conséquences
civiles et pénales (1) ; mais on n'aura pas le
droit de déclarer que son complice est bien
l'homme signalé comme tel.

Quelquefois, pour accueillir une demande intentée à raison de l'adultère, il faut savoir non-
seulement que le délit a été commis, mais encore
qu'il l'a été avec telle personne nommément :
par exemple, s'il s'agit d'une action en nullité
d'une donation pour commerce adultérin ; dans
cette hypothèse, la demande tombe, même à
l'égard de la femme reconnue adultère, si la
preuve articulée contre le prétendu complice
n'est pas une de celles que spécifie l'article. Ainsi,
la preuve légale de la complicité d'adultère est
plus difficile que celle du simple concubinage.

61. Quant aux excuses justificatives que peut
invoquer le complice, elles se bornent à la bonne
foi, lorsqu'il a dû croire que la femme était libre
ou lorsqu'elle se prostitue. (Voy. L. 7, C. *de*

---

(1) Voyez-en un exemple dans l'Arrêt de la Cour d'Angers du 8 mai 1820, DENEV., 1823, Suppl., p. 81.

Repud. et jud. de mor., et L. 22, C. *ad l. Jul. de adult.*)

62. Sur les effets de la complicité d'adultère, une question s'élève, elle est grave et controversée : les donations faites par l'adultère à son complice où par le complice à l'adultère, sont-elles valables ? Non, à moins que le donataire prouve qu'elles ont une juste cause.

De fortes objections se présentent contre cette solution négative :

Première objection : Aux termes de l'art. 902, C. civ., « Toutes personnes peuvent disposer et recevoir soit par donations entre-vifs, soit par testament, excepté celles que la loi en déclare incapables. » Et M. *Jaubert* disait même au Tribunat : « Il n'y aura d'incapacité que » celle qui est *expressément* déterminée par la » loi (1). » Or, l'adultère ne figure point parmi les causes d'incapacité *expressément* énoncées au Code. L'adultère n'en est donc pas une.

Pour réfuter ce raisonnement, on commence par nier qu'il n'y ait d'incapacité que celle qui est expressément déterminée par la loi ; et à l'assertion de M. *Jaubert* on oppose le texte de la loi, l'opinion de M. *Bigot-Préameneu* et une

---

(1) *Rapport sur le projet de la loi relative aux donations, etc* , séance du 9 floréal an 11.

Jurisprudence non contestée : le texte de l'art. 902; il n'exige point que l'incapacité soit *expressément* déclarée. L'*Exposé des motifs* par M. *Bigot-Préameneu* (1) atteste que l'on doit admettre des causes d'incapacité qui pourtant ne sont pas textuellement désignées par la loi; il en donne un exemple, la captation *artificieuse* : elle n'est point positivement signalée dans le Code, et cependant il est de jurisprudence que la captation artificieuse fait annuler un testament. Tenons donc pour certain qu'on peut être incapable de recevoir et n'être qu'implicitement déclaré tel. Cela posé, il reste à prouver que l'adultère est une cause implicite d'incapacité : 1°. d'après les art. 1131 et 1133 du C. civ., « l'obligation sur une cause prohibée par la loi ou contraire aux bonnes mœurs, ne peut avoir d'effet; » une obligation dont la seule cause serait l'adultère, n'aurait donc aucune validité; eh bien ! voici l'hypothèse qu'on propose : un homme marié a deux maîtresses; à l'une il fait une donation, à l'autre il souscrit un billet; on constate que ce n'est autre chose que le prix de leurs complaisances, la donation sera donc valable ? Et le billet nul ? Ce que la

______

(1) *Exposé des motifs de la loi relative aux donations*, etc., séance du 2 floréal an 11.

loi prohibe sous une forme, on le lui présente
sous une autre, et elle le sanctionne ? Que devient l'art. 6 du C. civ. ? « On ne peut déroger,
par des conventions particulières, aux lois qui
intéressent les bonnes mœurs. »...... 2°. Bien
qu'une *condition* illicite ne vicie pas une donation (art. 900, C. civ.), une *cause* illicite peut
la vicier. Cette différence se justifie très - rai-
sonnablement : dans le premier cas, la loi maintient la donation et dispense le donataire d'ac-
complir la condition honteuse ; nulle atteinte
effective n'est portée aux mœurs ; le mal est
prévenu ; dans le second cas, au contraire,
lorsque la cause de la libéralité est un attentat
déjà consommé, le mal est fait, la loi ne peut
maintenir une donation qui en est la récompense...... 3°. L'adultère, comme moyen cap-
tatoire, entache encore une donation ; la complice d'un mari infidèle le tient dans ses lacs ;
elle le circonvient, l'emmielle ; est - il un plus
puissant, plus perfide captateur ?..... 4°. Victime sans torts, un enfant adultérin ne peut
rien recevoir que des alimens, et une concubine
adultère s'enrichirait des dépouilles d'une famille, et l'on voudrait protection pour cette
déprédation scandaleuse? Injustice, immoralité.
Autre abus : un mari qui ne laisse qu'un enfant
ne peut donner à sa femme légitime qu'un quart

de ses biens en propriété et un quart en usufruit, tandis qu'il pourrait donner moitié en toute propriété à sa concubine. (Art. 913, 1094, C. civ.)

Deuxième objection contre la nullité des donations entre adultères. Laissons-la proposer par la Cour de Turin : un Arrêt qu'elle rendit jugea (1) que la disposition en faveur d'une concubine est valable. Voici textuellement un de ses motifs : « Considérant qu'en déclarant, à
» l'art. 902, que toutes personnes peuvent
» recevoir, soit par donations, soit par testa-
» ment, excepté celles que la loi en déclare
» incapables, le Code n'a pas rangé parmi les
» causes d'incapacité celle dérivant du concubi-
» nage et de l'adultère ; que le silence de la loi
» en cette partie est motivé par l'*Exposé* des
» orateurs du Gouvernement au Corps légis-
» latif, qui nous apprend que c'est en suite d'une
» pleine connaissance qu'il n'a plus paru conve-
» nable, par de graves raisons, de rappeler
» dans la nouvelle législation certains motifs
» d'incapacité que les lois romaines avaient
» sanctionnés. »

Réponse : Il est vrai qu'un orateur du Gouvernement, M. *Treilhard*, s'exprimait en ces

______

(1) Arrêt du 7 juin 1809, *Journal du Palais*, 1810, art. 104.

termes devant le Corps législatif : « Nous n'a-
» vous pas jugé convenable d'étendre davantage
» les causes d'*indignité*. Il ne faut pas, sous le
» prétexte spécieux de remplir la volonté pré-
» sumée d'un défunt, autoriser des inquisitions
» qui pourraient être injustes et odieuses ; c'est
» par ce motif que nous n'avons pas cru devoir
» admettre quelques causes reçues cependant
» par le Droit romain ; par exemple, celles qui
» seraient fondées sur des habitudes criminelles
» entre le défunt et l'*héritier* (1). » C'est bien sur
la foi de ce passage qu'a juré la Cour de Turin,
et si c'est au sujet des *incapacités de recevoir*
par donations et testament que M. *Treilhard* a
tenu ce langage, il y aura, je l'avoue, très-forte
présomption que l'intention des législateurs a
été de ne plus prohiber désormais les donations en faveur des concubines. Mais la Cour de
Turin n'a pas cité juste ; elle a supposé que
M. *Treilhard* avait dit à propos des causes d'incapacité de recevoir par donations, ce qu'il n'a
dit qu'à propos des *causes d'indignité de succéder;* ce qui n'est pas même chose. En effet,
on a bien eu raison de ne pas ranger l'*héritier*
qui aurait eu des habitudes criminelles avec le

---

(1) *Exposé des motifs de la Loi relative aux Successions*,
Séance du 19 germinal an 11.

défunt, parmi les personnes *indignes* de succéder *ab intestat*, parce que le cas arrive rarement entre successibles ; parce que l'héritier *ab intestat* est nécessairement parent du défunt, et presque toujours très-proche ; que rechercher leurs habitudes criminelles, ce serait la plupart du temps rechercher des incestes, et que dirigées contre l'héritier par un cohéritier, c'est-à-dire par un parent contre son parent, ces inquisitions seraient sur-tout odieuses ; mais le législateur n'avait pas les mêmes motifs pour interdire la preuve des liaisons coupables entre un donateur et sa concubine, qui ne sont presque jamais parens. Aussi les orateurs du Gouvernement n'ont-ils pas répété, en traçant les règles sur la capacité de recevoir par donations et testament, ce qu'avait dit avec raison M. *Treilhard*, en parlant des indignes de succéder. La Cour de Turin a donc mal-à-propos argumenté de l'*Exposé des motifs ;* le considérant de son Arrêt reposait sur une citation erronée (1).

____

(1) On peut voir dans le *Journal du Palais* l'analyse de l'affaire qu'avait à juger cette Cour. On y trouvera que dans les plaidoieries on présentait le passage de M. TREILHARD comme extrait de l'*Exposé des motifs de la Loi relative aux Donations et Testamens*. Cette erreur aura entraîné la Cour.

Il y a dans le même sens un Arrêt de la Cour de Grenoble, 15 juin 1822, SIREY, 25.-2.-136.

Autre objection : Admettez que les donations entre adultères ne sont pas valables, force sera de recevoir la preuve du commerce adultérin ; de là ces investigations si fatales au repos des familles.

Je dis à mon tour : La cupidité des concubines n'est-elle pas aussi un fléau ? La paix domestique n'est-elle pas aussi intéressée à ce qu'on tarisse ces sources impures où se gorgent les sangsues des familles ? D'ailleurs, si l'accusation fournit ses preuves, la complice de l'adultère sera dépossédée du fruit de sa débauche, où est le mal ? Si l'accusation n'est pas justifiée, de fortes réparations seront imposées au calomniateur. En outre, on n'aura point à redouter les recherches téméraires, si l'on admet les règles proposées N°. **36**, sur le seul genre de preuves recevable de la part des héritiers. On pourrait même aussi poser une autre distinction : Lorsque la donataire complice du donateur adultère est elle-même mariée, on ne sera point reçu à faire preuve contre elle (1) ; en effet, concubine vis-à-vis du donateur, elle est en même temps adultère vis-à-vis de son mari, et l'on porterait atteinte au droit exclusif qu'a ce dernier (2) de

____

(1) On le jugeait ainsi sous l'ancienne Jurisprudence.

(2) A moins qu'il n'eût lui-même accusé sa femme d'adul-

se plaindre des désordres de sa femme, si l'on recevait de semblables articulations ; l'on ne doit point dans ce cas permettre pour un intérêt pécuniaire, ce qu'on ne souffre pas de la part du Ministère public pour la vindicte des mœurs, ce qu'on ne tolère qu'à peine en faveur de la femme offensée poursuivant sa rivale. (Voy. N°. 57.)

Dernière objection : Le *Projet de Code civil* portait un article ainsi conçu : « Ceux qui ont vécu dans un concubinage notoire, sont respectivement incapables de se donner. » Cet article ne fut pas inséré au Code, il semble qu'on a ainsi reconnu la validité des donations entre concubins, même adultères.

Cette conséquence n'est pas nécessaire : s'il a été prouvé que la prohibition de ces donations est implicitement dans le Code, si l'on se rappelle que la législation immédiatement antérieure au Code, les déclarait nulles (1), on sentira qu'il n'était pas besoin de faire figurer dans la rédaction définitive, cet article dont les ter-

-----

tère ou qu'il fût mort lors de la demande en nullité de la donation, ou que la donataire ne fût pas mariée au moment du concubinage. Voy. N°. 8.

(1) L'art. 132 de l'Ordonnance de 1629 prohibait les dons entre concubins. Cette disposition vivait encore lors de la promulgation du Code. Ainsi jugé le 13 août 1816, Cour de cassal., SIREY, 16.-1.-343.

mes étaient d'ailleurs beaucoup trop vagues. Son omission n'est pas un préjugé bien rigoureux, soit qu'on l'ait supprimé, soit qu'on l'ait perdu de vue.

Concluons de cette discussion que la loi condamne les donations entre concubins adultères.

Évidemment, cette solution frappe aussi la donation faite par un mari à une concubine qu'il n'aurait même pas tenue dans la maison conjugale.

Un don alimentaire au profit du complice de l'adultère, serait maintenu; il n'y a pas les mêmes motifs de prohibition.

La donation entre concubins, fût-elle déguisée sous la forme d'un contrat onéreux, n'en sera pas plus valable pour cela (1).

S'il est constant qu'il existe des enfans issus du commerce adultérin, raison de plus pour déclarer nulle la disposition à titre gratuit. (Voy. N°. 102.)

Le donateur pourrait-il attaquer lui-même la donation faite à la complice de son adultère? S'il ne s'agissait que de résoudre la question par

___

(1) Ainsi jugé par la Cour de Grenoble, janvier 1812, SIREY, 13.-2.-11. — Par la Cour d'Angers, 19 janvier 1814, SIREY, 15.-2.-55. — Par la Cour de Besançon, 25 mars 1808, SIREY, 9.-2.-14.

une de ces maximes tranchantes, qui semblent dispenser d'examen, on répondrait d'abord : *Nemo auditur turpitudinem suam allegans;* donc le donateur ne peut revenir contre sa libéralité en alléguant sa propre turpitude qui en a été le motif..... Mais la donataire concubine ne doit son titre qu'à sa turpitude aussi; si elle invoque son titre, on lui dira à son tour : *Nemo auditur turpitudinem suam allegans.* Si l'un est indigne de reprendre, l'autre l'est de retenir (1). Il faut donc renoncer à décider d'après l'adage, puisque l'une et l'autre partie s'en peuvent emparer. Cela mène naturellement à se rabattre sur le principe : *Si et dantis et accipientis turpis causa sit, possessorem potiorem esse.* (L. 8, et L. 3, ff., *de Condict. ob turp. caus.*) Est-ce ici le cas de l'admettre ? D'après cette maxime, on refuserait une action au donateur pour réclamer s'il avait déjà livré, tandis qu'au contraire on la refuserait à la donataire pour faire exécuter la donation s'il n'y avait pas encore eu tradition. On aurait sans contredit raison dans cette seconde hypothèse; mais dans la première, point. Je pense qu'on doit accorder au donateur le droit

---

(1) Dans le cas de turpitude égale des deux parties, la loi permet quelquefois la confiscation de la chose reçue pour prix d'un crime ; mais il faut une disposition spéciale. Voy. art. 11.-180.-364, C. pén.

de reprendre ce dont il aurait mis sa concubine en possession ; cette règle, par-tout enseignée, qui, à turpitude égale de part et d'autre, maintient celui qui a reçu et possédé, cette règle me paraît contrarier la raison ; au lieu de me décider en faveur de la possession qui n'est ici qu'un fait nu et sans caractère moral, je penche plutôt pour celle des deux parties qui a de son côté une considération de justice que n'a point l'autre : en faisant rentrer dans les mains du donateur les biens dont il s'était aveuglément dessaisi, on restitue à sa famille la chance légitime de les retrouver un jour dans sa succession, s'il ne les aliène pas valablement. En outre, arracher à la concubine le salaire de sa débauche, c'est décourager les spéculations du vice ; et même n'y aurait-il à cela d'autre avantage que d'avoir effacé les traces d'un contrat illicite, et de remettre les choses où elles étaient avant la violation de la loi, ce serait encore un bien : hommage pour hommage, autant vaut-il le rendre au principe de l'observance des lois qu'au principe de la possession ; enfin je ne vois pas le Code consacrer la loi romaine : *Si et dantis, etc.;* au contraire, au titre *des Contrats*, il est réglé que ce qui a été payé sans être dû, est sujet à répétition (art. 1235) ; or l'obligation sur cause contraire aux bonnes mœurs ne peut produire aucun effet, ce qui a été payé en vertu de cette obligation, n'était pas dû et peut être répété ; la loi ne distingue pas s'il y a turpitude d'un seul ou de deux côtés. On n'a point droit de redemander, il est vrai, ce qui a été payé en l'acquit d'une obligation naturelle (art. 1235 et 1967), mais il n'y en a point de telle entre l'adultère et sa complice. Le donateur lui-même et ses héritiers pourront donc invoquer la nullité de la donation, et par voie d'action et par voie d'exception. (Voy. N°. 45.)

63. Si les deux adultères s'unissent légitimement (Voy. N°. 47), les donations qu'ils se font par contrat de mariage ou pendant le mariage, ont alors une cause licite, elles ne sont plus entre concubins, mais entre époux, elles sont valables. (Voy. le N°. 102, et l'Arrêt de la Cour d'Angers, noté sous ce numéro.)

64. Sans contredit, on pourrait faire révoquer pour ingratitude, une donation faite au complice par le mari antérieurement au délit.

65. D'après le C. pén., art. 338, le complice de la femme adultère sera puni d'un emprisonnement de trois mois au moins, et deux ans au plus ; et en outre, d'une amende de 100 francs à 2000 francs.

Les personnes qui ont favorisé l'adultère en sont complices ; elles doivent être punies comme les principaux coupables. Mais ceux-ci le sont inégalement : condamnera-t-on les complices subalternes, comme la femme à un emprisonnement, ou comme l'amant à un emprisonnement, et en outre à l'amende? Cette double peine devra leur être infligée. (Art. 59, C. pén., et art. 365 *in fine*, C. d'instr. crim.)

Un tort moral donne quelquefois lieu à des dommages-intérêts, c'est ainsi qu'on en accorde en matière de diffamation. Néanmoins la loi n'attribue pas expressément au mari le droit d'en demander au complice, à titre de réparation de son déshonneur que l'argent ne réparerait pas. Mais il pourrait (art. 1382, C. civ.) en réclamer, si par exemple l'éclat de son procès lui avait causé un dommage réel en le forçant à changer de résidence.

66. Bien que le Code pénal n'ait aucune disposition particulière contre la concubine du mari, il n'en faut pas conclure qu'elle soit à l'abri de toute peine. Elle est soumise à l'art. 59 : « Les complices d'un délit seront punis de la même peine que les auteurs mêmes de ce délit; » il y a donc contre elle amende de 100 francs à 2000 francs.

APPENDICE.

DU MEURTRE DE L'ADULTÈRE ET DE SON COMPLICE.

67. « Dans le cas d'adultère, le meurtre commis par l'époux sur son épouse, ainsi que sur le complice, à l'instant où il les surprend en flagrant délit dans la maison conjugale, est excusable » (art. 324, C. pén.), exception terrible à ce principe que nul ne doit se venger soi-même. Reprenons chaque partie de cet article :

« *Le meurtre* » et non l'assassinat avec préméditation ou guet-à-pens. Ainsi un mari certain que, dans un rendez-vous dont il surprend le secret, son déshonneur sera consommé, ne cherche pas à le prévenir, tandis qu'il le peut, mais se prépare à se venger et se venge, c'est un assassinat; la loi fait grâce à l'exaspération soudaine, non pas à la violence calculée. Les blessures sont aussi excusables, si le mari les a faites en voulant donner la mort; mais de lentes tortures qui annonceraient plus de férocité que d'emportement n'auraient point cette vivacité passionnée qui seule mérite l'indulgence. (Voir néanmoins l'art. 325 du C. pén.)

« *Commis par l'époux.* » Le mari seul a ce privilége (1). Chez les Romains, la loi *Julia* don-

---

(1) On sait le mot de CATON : *Uxorem tuam in adulterio*

nait au père le droit de tuer sa fille et le complice surpris en flagrant délit dans sa maison ou celle du mari, pourvu que sa fille fût sous sa puissance, et que l'un des deux coupables ne fût point épargné. Le mari ne pouvait tuer que son rival, encore fallait-il que celui-ci fût flétri déjà par un jugement ou qu'il appartînt à une classe méprisée. (Voy. L. 20 et suiv. ff., *ad l. Jul. de adult.*) Pour le meurtre de la femme, l'époux obtenait grâce. (L. 3, ff., *ad l. Silan.*)

« *Sur son épouse, ainsi que sur le complice.* » C'est-à-dire même sur l'un des deux seulement. On n'exige pas le concours de deux meurtres, comme le voulait la loi romaine 23, § 4, ff., *ad l. Jul.*

« *Le complice.* » On jugeait anciennement qu'il n'y avait pas de rémission à espérer pour le mari, lorsqu'il était par sa condition beaucoup au-dessous du complice, lorsqu'il lui devait, dit *Fournel,* honneur et respect. Plaisante distinction! Honneur et respect! C'est bien à cela vraiment que songe un homme qu'on outrage! Certes, aujourd'hui le dernier des valets tuerait un Pair de France qui l'aurait honoré

---

si deprehendisses, sine judicio impunè necares, illa te, si adulterares, digito non auderet contingere. (AUL. GELL., lib. 10, c. 23.)

d'un affront, il n'en serait ni plus, ni moins
que du meurtre d'un vilain.

« *A l'instant où il les surprend.* » Si pourtant un des coupables s'échappe et que le mari
entraîné par un premier mouvement, le poursuive quelque temps, l'atteigne et le frappe mortellement, il est excusable : *Incontinenti videbitur occidisse.* (L. 23, ff., *ad l. Jul. de adult.*)

« *En flagrant délit.* » (Voy. N°. 34.) Mais
par exception à l'art. 41 du C. d'instr. crim.,
on ne devrait pas réputer ici flagrant délit le
cas où les prévenus seraient poursuivis par la
clameur publique, elle peut être mensongère
et s'être prononcée témérairement. A Athènes,
le mari pouvait tuer son rival surpris ἐν ἔργῳ,
comme disaient les lois de *Dracon* et de *Solon.*
Mais il n'avait que le droit de réclamer une réparation pécuniaire, si la femme avait succombé
sous la force. (*Lysiæ orat. in Erat.*) On redoutait plus la séduction que la brutalité.

« *Dans la maison conjugale.* » Voyez-en la
définition, N°. 13.

« *Est excusable.* » L'effet de l'excuse n'est
pas ici de soustraire le meurtrier à toute peine,
mais de ne le rendre passible que d'une condamnation simplement correctionnelle, suivant
l'art. 326, C. pén. Ainsi, à la différence du
Droit romain, le mari n'a pas chez nous le *droit*

de tuer; il en résulte que la femme et le complice ont contre ses attaques le droit de légitime défense.

Le mari, ainsi condamné à une simple peine correctionnelle à cause de l'excuse, est-il indigne de succéder à ceux qu'il a frappés? Est-il repoussé par l'art. 727, C. civ.? « Est indigne de succéder, et exclus de la succcession, celui qui serait *condamné pour avoir donné ou tenté de donner la mort* au défunt. » Je ne le crois point; la loi civile ne doit point voir un véritable meurtrier dans celui que la loi pénale ne punit pas comme coupable de meurtre, mais seulement de violence excusable. Sous l'ancienne Jurisprudence, le mari, lorsqu'il obtenait sa grâce, était exclus du bénéfice de la succession *undè vir et uxor.*

Le meurtre commis par le mari est-il un fait d'ingratitude suffisant pour motiver la révoca-tion d'une donation à lui faite par la femme ou le complice? L'art. 955 du C. civ., dit : « La donation entre-vifs ne *pourra* être révoquée pour cause d'ingratitude que dans les cas suivans : 1°. Si le donataire a attenté à la vie du donateur ; 2°. S'il s'est rendu coupable envers lui de sévices, délit ou injure grave...... » Voyez aussi l'art. 1046 : on ne peut se dissimuler que le meurtrier, même excusable, *ait attenté* à la vie de ceux qu'il a immolés, qu'il se soit rendu *coupable* envers eux de *sévices* ou *délit*, puisqu'il est *puni* d'un emprisonnement d'un an à cinq. La révocation pourra donc être prononcée, mais elle pourra aussi ne pas l'être; les juges décideront d'après les circonstances. Le plus souvent il répugnerait à la conscience d'accuser d'ingratitude l'époux meurtrier du donateur qui le déshonore; l'outrage efface le bienfait.

CINQUIÈME DIVISION.

DES ENFANS ADULTÉRINS.

CHAPITRE PREMIER.

QUELS ENFANS SONT ADULTÉRINS? ET COMMENT SE
CONSTATE LEUR FILIATION?

SOMMAIRE.

68. *Quels enfans sont adultérins? Questions.*

69. *Commént se constate leur filiation? Quand et par qui peuvent étre recherchées la paternité adultérine et la maternité adultérine?*

70. *La reconnaissance de l'enfant adultérin prouve-t-elle* en sa faveur *sa filiation? Examen d'arrêts.*

71. *Prouve-t-elle* contre *lui? Examen d'arrêts.*

72. *De la reconnaissance d'enfans adultérins comme enfans naturels.*

73 et **74.** *Désaveu pour impossibilité physique de cohabitation.*

75. *Qui doit prouver l'époque de la naissance?*

76 *Désaveu pour impuissance.*

88. *Le mari peut-il rétracter le désaveu admis?*

89. *État de l'enfant avant le jugement de désaveu.*

90. *Autre cas où l'on peut prouver la filiation adultérine.* (Art. 325.)

68. L'enfant né de l'adultère est adultérin vis-à-vis du père et de la mère, quand même l'un des deux ne serait point dans les liens de mariage.

S'ils sont tous deux sans excuse justificative, l'enfant victime de leur double délit, est traité comme adultérin, dans ses rapports avec tous deux. S'il pouvait être établi que tous deux étaient excusables dans leur adultère, leur double bonne foi rejaillirait sur l'enfant. (Argument tiré de l'art. 201 du C. civ.) Si l'un seulement est sans excuse, l'enfant sera-t-il censé adultérin à son égard et non à l'égard de l'autre? D'après l'esprit du Code, art. 202, on devra dire qu'il suffit qu'un des deux soit de bonne foi pour que l'enfant ne soit regardé comme adultérin vis-à-vis ni de l'un ni de l'autre ; cette décision est aussi plus humaine. Ce n'est pas que je pense que l'état des hommes soit indivisible, comme le disait M. *Portalis* (1). Au reste, celui des

____

(1) L'art. 202 lui-même, à propos duquel M. PORTALIS

père et mère qui était de mauvaise foi, n'en sera
pas moins traité comme adultérin vis-à-vis de
l'enfant; il n'y a point réciprocité. (Argument du
même art. 202). Dans ce qui précède, j'ai tiré
argument des art. 201 et 202; j'ai appliqué les
effets de la bonne foi en adultère, comme la loi
les applique en matière de mariage nul; ainsi,
les enfans issus d'un mariage nul, la loi les réputé nés d'une union légitime, lorsque les parens ou l'un d'eux croyaient s'être unis légitimement. Par analogie, les enfans issus de l'a-
dultère doivent être réputés nés d'un simple
concubinage, lorsque les parens ou l'un d'eux
croyaient s'abandonner à un simple concubinage. C'est une conséquence des principes po-
sés au N°. 37. L'enfant pourrait réclamer les
droits de légitimité, si, par exemple, il était le
fruit de la violence faite à une femme mariée;
la complète innocence de sa mère le ferait regarder comme légitime à l'égard d'elle et de
l'auteur légalement connu du viol. (Voy. N°. 39.)

(*Exposé des motifs de la loi sur le mariage*) avançait cette
maxime, prouve que l'état n'est pas indivisible : l'homme
coupable de bigamie, après l'annulation du mariage, reste
père et époux, quant aux droits civils qu'exercent contre lui
l'épouse putative et les enfans : il cesse d'être père et
époux, quant à ses droits contre eux. La divisibilité de l'é-
tat des hommes n'a rien d'impraticable. Voy. art. 100, C.
civ.

La violation d'un mariage nul n'étant point
un véritable adultère, l'enfant né d'un tel commerce n'est point adultérin ; il est même recevable à invoquer cette nullité, dans les cas où
la loi y admet toute personne intéressée.

La bigamie de mauvaise foi imprime aux enfans qui naissent d'elle le cachet adultérin.

L'enfant d'un prêtre est-il adultérin, à cause
du mariage métaphysique de son père avec l'é-
glise ? M. *Loiseau* pense que oui (1), et cela sous
l'empire des lois postérieures à 1792. La question s'est présentée devant la Cour de Bourges
qui a, au contraire, et avec raison, jugé (2) que
« depuis 1792, une qualification d'adultère fon-
» dée sur les vœux religieux est hors des termes
» de la loi et du domaine des Tribunaux. » Ajoutons, avec *Montesquieu*, qu'il ne faut pas régler
par les principes du Droit canonique les choses
réglées par les principes du Droit civil.

L'enfant est et demeure adultérin, si ses père
et mère n'étaient pas libres au moment de sa
conception, quand même ils le seraient deve-
nus au moment de sa naissance ; anciennement
c'était une question agitée : on a même soutenu
depuis le Code civil, que le temps de la naissance

______

(1) *Traité des enfans naturels*, p. 274.
(2) Arrêt du 14 mars 1809, SIREY, 9.-2-206.

était le seul à considérer; on s'appuyait sur la lettre des art. 331 et 335, C. civ. L'incapacité d'être légitimé ou reconnu, frappe seulement, disait-on, les enfans *nés* d'un commerce adultérin : *nés* ; donc la loi ne s'attache qu'à l'époque de la naissance... N'est-il point superflu de prouver la fausseté d'un raisonnement si peu concluant ? Le sens grammatical des articles cités eux-mêmes ne repousse-t-il pas l'étroite interprétation qu'on voudrait leur donner? Une femme conçoit le fruit d'un adultère, elle accouche après la dissolution de son mariage, lorsqu'elle est devenue libre; l'enfant en est-il moins *né d'un commerce adultérin?*

69. Voyons comment on peut arriver à la preuve de la filiation adultérine (1).

D'abord, « la recherche de la paternité est interdite. » (Art. 340, C. civ.) Elle ne doit être reçue ni *contre* l'enfant adultérin, ni *pour* lui (2); la disposition est absolue.

____

(1) La preuve qu'un enfant est né d'un mariage entre bigames entraîne preuve de sa filiation adultérine, sauf les modifications énoncées aux art. 201 et 202, C. civ.

(2) Ainsi jugé, Cour de cassat., 14 mai 1810, Sirey, 10.-1.-272. — Cassat., 14 mai 1811, Sirey, 14.-1.-111. — Cour de Paris, 6 juin 1809, Sirey, 9.-2.-310. — Cour de Limoges, 7 déc. 1809, Sirey, 13.-2.-335. — Cour d'Aix, 14 juillet 1808, Sirey, 9.-2.-311.—Cassat., 1er. avril 1818, Sirey, 18.-1.-244. — Cassat., 17 déc. 1816, Sirey, 17.-1.-191.

« Néanmoins, ajoute l'art. 340, dans le cas d'enlèvement, lorsque l'époque de cet enlèvement se rapportera à celle de la conception (à l'intervalle du trois centième au cent quatre-vingtième jour avant l'accouchement), le ravisseur pourra être, sur la demande des parties intéressées, déclaré père de l'enfant. » Cette exception unique à la prohibition de la recherche de paternité, sera-t-elle suivie, lorsque le ravisseur, ou la femme enlevée, ou tous deux, sont mariés, et conséquemment adultères ? Je pense que oui ; la Cour d'Amiens (1) s'est prononcée dans ce sens, un de ses Arrêts porte :
« L'art. 340 du Code qui interdit la recherche
» de la paternité, énonce un cas dans lequel le
» ravisseur s'il était marié, pourrait être dé-
» claré père d'un enfant qui serait adultérin. »
Et déjà M. *Treilhard* avait autorisé cette opinion, lors de la discussion des articles 762 et suivans, au Conseil-d'État ; M. *Tronchet* venait de demander comment la *paternité adultérine* pourrait jamais être constatée : et M. *Treilhard* répondait : « La recherche de la maternité donnera
» en certains cas la preuve de la *paternité* comme
» dans l'hypothèse de l'enlèvement de la mère. »
Dans cette hypothèse, l'art. 340 permet la re-

---

(1) Arrêt du 20 février 1819, SIREY, 21.-2.-40.

cherche de la paternité, même si l'enlèvement est adultérin ; il la permet par cela seul qu'il ne fait pas de distinction. La généralité de sa disposition ne reçoit qu'une restriction, c'est celle portée en l'art. 342 ainsi conçu : « *Un enfant* ne sera jamais admis à la recherche, soit de la maternité, soit de la paternité, dans les cas où, suivant l'art. 335, la reconnaissance n'est pas admise : » c'est-à-dire, dans le cas où elle conduirait à établir la preuve d'un adultère ou d'un inceste. L'art. 342, comme on voit, n'interdit *qu'à l'enfant* adultérin seul la recherche de paternité, dans l'hypothèse de rapt avec adultère, unique circonstance dans laquelle la loi la tolère (1) de la part de toute autre personne intéressée à prouver que l'enfant est adultérin.

L'art. 342 défend aussi *à l'enfant* spécialement la recherche de la maternité adultérine ; tout autre y est reçu, d'après la disposition générale de l'art. 341. M. *Treilhard* (2) l'entendait ainsi, il admettait que « la recherche de la maternité pourrait entraîner la preuve de commerces adultérins, » et que cette preuve serait,

---

(1) En ce cas, la paternité attribuée au ravisseur d'une femme mariée forme une preuve implicite de complicité d'adultère, preuve de plus à ajouter à celles que l'art. 338 C. pén. énumère. Voy. N°. 60.

(2) *Exposé des motifs de la loi relative aux successions.*

pour l'enfant, un titre à des alimens ; or, comme elle est formellement interdite à l'enfant, cet orateur du Gouvernement parlait ici de celle permise aux autres parties intéressées ; mais voyez N°. 8.

Cette interprétation de l'art. 342 n'est point une subtilité qui ne repose que sur la lettre de cet article. L'enfant seul (lorsque d'autres peuvent rechercher la paternité ou la maternité adultérines), doit être écarté. M. *Bigot-Préameneu*, en présentant (1) l'art. 342, n'en généralisait pas le sens ; il disait : « On a voulu éviter le scan-
» dale public que causerait l'action judiciaire
» d'*un enfant* adultérin qui rechercherait son
» état dans la preuve du délit de ceux qu'il pré-
» tendrait en même temps être les auteurs de
» ses jours. » M. *Lahary*, dans son *Rapport au Tribunat* (2), disait aussi : « *Un enfant*, fruit
» de l'adultère, ne sera jamais admis à la re-
» cherche, soit de la paternité, soit de la ma-
» ternité ; y aurait-il rien de plus immoral et
» de plus contraire aux convenances sociales que
» d'assurer la protection de la loi à cet enfant
» monstrueux qui, pour quelques alimens qu'il
» peut se procurer d'ailleurs, accuserait les au-

____

(1) *Exposé des motifs de la loi relative à la paternité, etc.*
(2) *Sur la loi relative à la paternité, etc.*

» teurs de ses jours de lui avoir donné naissance
» par un crime ? »

Toute personne directement intéressée à ce
qu'un adultérin ne soit point admis dans une famille, peut opposer à la recherche qu'il exerce,
la fin de non-recevoir puisée dans l'art. 342 ; on
n'a point alors à prouver qu'il est adultérin,
mais seulement qu'il le serait, si réellement il
était fils de celui ou de celle dont il prétend être
né, cela suffit pour arrêter le réclamant ; dès
cet instant, le procès est fini, et l'enfant ne peut
rien demander, même en qualité d'adultérin,
car la fin de non-recevoir l'empêche d'établir
cette qualité en sa faveur, quelles que soient les
pièces qu'il aurait pu produire en preuves.

70. « La reconnaissance ne pourra avoir lieu
au profit des enfans adultérins. » (Art. 335,
C. civ.)

Un pareil acte ne serait pas capable d'attribuer
à l'enfant les droits si minces attachés à la qualité d'adultérin. Cette proposition ne manque
pas d'adversaires. Suivant eux (1), l'enfant muni

---

(1) Et suivant Arrêts de la Cour de Nancy, 20 mai 1816,
Sirey, 17.-2.-149, et de la Cour de Bruxelles, 29 juillet
1811, Sirey, 12.-2.-184. Une considération détermina sur-
tout ce dernier Arrêt. L'enfant, dans l'espèce, avait été présenté à l'officier de l'état civil comme légitime. La mère,
qui n'était que complice de l'adultère, avait passé pour

d'une reconnaissance peut réclamer des alimens ; leur opinion, fidèlement traduite, se pose ainsi : « Bien que, d'après l'art. 335, la reconnaissance ne puisse avoir lieu *au profit des enfans adultérins*, néanmoins, si un père adultérin en fait une malgré cet article formel, l'*enfant en profitera comme adultérin*, de même que si elle était permise, » Réduire ainsi cette thèse à ses vrais termes, c'est la réfuter. Qu'on voie avec quelle énergie tous les orateurs du Gouvernement qui proposèrent l'art. 335, appuyèrent sur les motifs qui l'avaient dicté ; ce qu'ils proscrivaient tous, au nom des mœurs, c'étaient ces confessions d'adultères, « ces ré-» vélations mortelles à la pudeur sociale; » tous s'accordaient à proclamer l'inutilité pour l'enfant, d'une semblable reconnaissance. « Elle se-» rait l'aveu d'un crime(1). » « Elle sera impos-

---

épouse du père : peut-être cette circonstance, au lieu d'assurer à la reconnaissance l'effet de procurer des alimens, aurait-elle dû la faire rejeter à double titre ; sa nullité était encore aggravée par une fausse déclaration et par le crime de suppression d'état ; car il y a suppression d'état, non-seulement lorsqu'on frustre un enfant d'un état avantageux pour le réduire à une condition qui l'est moins, mais aussi quand on veut, adultérin qu'il est, le mettre au rang des légitimes ; suivant Arrêt de cassation, 10 messid. an 12, SIREY, 12.-366. — Voy. art. 345, C. pén.

(1) M. BIGOT-PRÉAMENEU, *Exposé des motifs de la loi sur la paternité, etc.*

» sible. L'officier public ne la recevra pas , et si
» malgré lui , l'acte contient le vice qui l'infecte,
» cette reconnaissance ne pourra profiter à l'en-
» fant (1). » « La naissance d'un enfant, fruit de
» l'adultère, est une vraie calamité pour les
» mœurs; loin de conserver aucune trace de
» son existence, il serait à désirer qu'on pût en
» éteindre jusqu'au souvenir; c'est dans cette
» vue et dans cette intention qu'est conçu l'ar-
» ticle 335. Flétrir la violation du saint nœud de
» mariage, c'est l'honorer de la manière la plus
» utile (2). » Et tant d'anathèmes seraient vains?
Et un enfant profiterait comme adultérin d'un
aveu signé au mépris d'une loi si expressément
prohibitive ?..... M. *Merlin* le pense, et suppose (3) que l'art. 335 a été conçu dans la seule
vue d'empêcher que la reconnaissance ne confé-
rât à l'adultérin les droits de succession irrégulière, comme au simple enfant naturel : outre
qu'il n'y a, soit dans le texte de l'art. 335 , soit
dans l'*Exposé de ses motifs*, rien à l'appui de cette
assertion, on a sensément répondu (4) que, pour
cet objet, l'article 335 était superflu, puisque

---

(1) M. DUVEYRIER , *Discours sur la même loi*.
(2) M. LAHARY , *Rapport au Tribunat sur la même loi*.
(3) *Répert.*, v°. *Filiation*.
(4) Voy. CHABOT DE L'ALLIER , *Commentaire sur la loi des successions*, art. 762.

l'art. 762 refuse précisément à l'adultérin les droits de succession irrégulière, tels que ceux dont jouissent les simples enfans naturels ; dans le système de M. *Merlin*, l'un de ces deux articles ne serait qu'une oiseuse répétition de l'autre ; tandis que, dans le nôtre, tous deux ont leur utilité particulière : l'art. 762 borne à des alimens les prétentions de l'adultérin, et l'article 335 décide que, même pour obtenir cette part chétive, il faut que la filiation adultérine soit prouvée autrement que par une reconnaissance immorale et d'un mauvais exemple. Si l'on demande par quelle preuve autre que celle-là, peuvent être constatées la maternité et sur-tout la paternité adultérines, je renvoie aux cas de désaveu (N°s. 73, 77), d'enlèvement adultérins (N°. 69), de bigamie (N°. 68), et au N°. 90.....
M. *Merlin*, au soutien de son opinion, dit encore : « L'art. 342 défend bien à l'enfant adulté-
» rin de rechercher son père ou sa mère ; mais,
» lorsque son père ou sa mère le reconnaissent
» volontairement, cette défense n'a plus d'ob-
» jet. » Cette observation de M. *Merlin* ne prouve rien dans la question agitée ; il établit là que produire une confession volontaire, ce n'est pas rechercher la paternité ou la maternité adultérines ; mais ce que nous reprochons à l'enfant, qui, la reconnaissance à la main, réclame des

alimens, ce n'est pas d'exercer une recherche, mais de vouloir obtenir des alimens à l'aide d'un acte dont la loi lui défend de profiter ; et quant à cette défense, elle est loin d'être sans objet : puisque les rédacteurs de l'art. 335, tenaient tant à empêcher ces aveux d'adultère, il fallait, en les déclarant inutiles à l'enfant, détourner ceux qui auraient été tentés de les publier; on ne devait pas autoriser un scandale pour un peu de pain..... Je l'avoue, M. *Jaubert*, dans un *Rapport fait au Tribunat sur la loi relative aux Donations*, pensa qu'une reconnaissance illégale d'un enfant adultérin, lui vaudrait des alimens. Il est vrai encore que M. *Siméon*, devant le Corps législatif, dans un discours sur la loi relative *aux Successions*, parla dans le même sens ; mais puisqu'il faut choisir ou la doctrine professée à propos des successions et des donations par ces deux savans Tribuns, ou au contraire la disposition claire et précise de l'article 335, et l'opinion aussi officielle des orateurs qui développèrent cet article, véritable siége de la question, je me range de ce dernier parti.

La nullité de la reconnaissance d'un adultérin est telle qu'aucun laps de temps ne saurait la couvrir.

71. Mais cette reconnaissance de l'enfant

adultérin , bien qu'il ne puisse l'invoquer même pour obtenir des alimens, peut lui être opposée. La Cour de Dijon, celle de Paris, et la Cour de cassation par trois Arrêts (1), ont, au contraire, décidé que cette reconnaissance était nulle à tel point qu'elle n'avait aucun effet *contre* l'enfant ; qu'en droit, il restait étranger à celui qui l'avait reconnu, et qu'enfin il pouvait recevoir de lui la portion disponible. L'autorité de ces Arrêts est grave ; voyons leurs motifs : » Attendu, disait l'Arrêt de cassation du 28 juin » 1815, que l'art. 335 dispose d'une manière » générale et en termes prohibitifs, que, la re- » connaissance ne pourra avoir lieu au profit » des enfans nés d'un commerce adultérin. » Oui, ce sont bien là les termes de l'art. 335, mais eux-mêmes prouvent que leur sens n'est pas général comme l'annonce l'Arrêt. La reconnaissance ne pourra avoir lieu *au profit, etc.* ; c'est-là ce que la loi veut proscrire ; son but, c'est de priver l'enfant du *profit* de la reconnaissance ; les orateurs du Gouvernement l'attes-

---

(1) Dijon, 29 août 1818, Sirey, 19.-2.-153. — Paris, 13 août 1812, Sirey, 13.-2.-83.—Cour de cassat. , 28 juin 1815, Sirey, 15.-1.-329. — Même Cour, 11 novembre 1819, Sirey, 20.-1.-222. — Même Cour, 9 mars 1824, Sirey, 24.-356.

tent dans leurs discours sur la loi relative à *la Paternité, etc.* » Cette reconnaissance ne pourra » avoir lieu *pour* les enfans nés d'un commerce » adultérin (M. *Lahary*). » « Cette reconnais- » sance nulle ne pourra *profiter* à l'enfant adul- » térin, pour qui elle aura été faite (M. *Du- veyrier*). » Du reste pas un mot, soit dans ces orateurs, soit dans l'article, qui suppose qu'on ne puisse pas *opposer* à l'enfant cette reconnais- sance. Il est bien permis de diviser les effets d'un acte nul, c'est ainsi qu'un acte de mariage entre bigames de mauvaise foi ne peut leur *pro- fiter* et peut leur *nuire* comme preuve de biga- mie..... L'Arrêt critiqué continue ainsi : « At- » tendu que l'objet de cet article, proclamé » par les orateurs du Gouvernement et par » les orateurs du Tribunat, a été d'empêcher » par respect pour les bonnes mœurs et la pu- » deur sociale, toutes les reconnaissances ; tou- » tes les confessions volontaires d'adultère et » de prévenir les débats scandaleux auxquels » pourraient donner lieu ces révélations hon- » teuses ; et qu'ainsi, lorsque ces reconnais- » sances ont été faites malgré la prohibition de » la loi, elles ne peuvent produire *aucun* effet. » Cette conclusion n'est pas exacte : de ce que la loi, dans l'intérêt de la morale publique, pros- crit ces aveux d'un délit ; il ne s'ensuit pas que,

s'ils sont néanmoins faits, on ne puisse point
les objecter comme preuve contre ceux dont ils
découvrent l'état adultérin ; la pudeur sociale
n'a point à en souffrir ; car « ce ne sont pas, di-
» sait la Cour de Lyon dans ses *Observations sur*
» *le projet du Code civil,* ce ne sont pas précisé-
» ment les actions immorales qui anéantissent
» les mœurs, lorsqu'elles demeurent ensevelies
» sous le voile d'un mystère impénétrable ; ce
» n'est pas même leur *publicité*, si l'opinion les
» flétrit ; mais si la loi elle-même les tolère, si
» elle n'en proscrit pas les fruits, l'immoralité
» triomphe. » Les mœurs n'ont donc rien à
perdre, elles ont tout à gagner au jugement qui
repoussera l'enfant reconnu par un père adultérin. Il est incontestable que le but de la loi,
ce fut de prévenir les reconnaissances d'adultérins : or, je demande en quoi ce serait concou-
rir à ce but, que de donner à ces actes une in-
signifiance absolue ; des deux systèmes, lequel
détourne le plus fortement de ces reconnaissances ? Est-ce celui de la Cour de cassation qui
veut que si elles ne profitent pas, du moins
elles ne nuisent pas non plus ? N'est-ce pas plutôt le nôtre, qui, non-seulement les rend sans
avantages, mais encore les tourne au détriment
de l'enfant né de l'adultère ?... La Cour de Dijon
dans l'Arrêt d'août 1818, disait, pour établir

qu'on ne peut opposer à l'enfant adultérin la reconnaissance de son père, et qu'ils sont censés étrangers l'un à l'autre : « Il est si vrai que » la loi méconnaît toute autre filiation adulté- » rine que celle résultante de la force du fait, » comme dans le cas où elle autorise le désaveu » du mari, que l'on voit qu'après avoir permis » la recherche de la maternité et même celle » de la paternité dans l'hypothèse d'enlèvement, » elle prohibe formellement (art. 342), cette » même recherche dans le cas où, suivant l'ar- » ticle 335, la reconnaissance n'est pas admise. » Loin de voir dans cette disposition de l'art. 342 un argument contre notre opinion, nous l'invoquerons à son appui; nous avons en effet établi (No. 69), que d'après cet article, la recherche de la maternité adultérine et de la paternité aussi adultérine, dans le cas d'enlèvement, n'a point lieu *pour* l'enfant, mais qu'elle est permise *contre* lui; si donc cet article a quelque influence sur la solution de la question qui nous occupe, il aiderait à prouver que la reconnaissance d'un enfant adultérin peut être opposée *contre* lui..... A quels abus la doctrine contraire ne mènerait-elle pas ? Un père fera hardiment au fils adultérin par lui reconnu de riches donations, l'adoptera, l'instituera son héritier; un frère adultérin épousera sa sœur; un père, sa fille avouée ; un fils, sa mère; tout cela, malgré la reconnaissance adultérine. Et si l'on s'élève contre ces monstruosités, un mot répondra à tout, purifiera tout : la reconnaissance, diront les Tribunaux, est absolument sans effet; cette fille est étrangère à son père, cette mère à son fils ! Non, encore une fois, ce serait affecter une odieuse incrédulité.... Résumons : une reconnaissance en général révèle la parenté naturelle qu'on ne peut connaître autrement; la loi, libre d'en régler les effets, ne veut pas que celle d'un enfant adultérin lui *profite*, l'art. 335 le dit, et ne dit que cela; reste à la reconnaissance, jusqu'à preuve contraire, son caractère de preuve de paternité, et les parties intéressées peuvent s'emparer contre l'enfant de cette preuve, parce que la loi ne leur en interdit pas l'usage, comme à l'adultérin. Il est bien entendu que l'enfant a droit de contester la vérité de la reconnaissance d'où ressortirait sa qualité d'adultérin (argument de l'art. 339, C. civ.); il peut soutenir que l'auteur de cet acte n'est point son père; que c'est un artifice imaginé pour lui nuire, par exemple, pour révoquer indirectement les donations à lui faites par le prétendu père, ou pour empêcher un mariage.

72. M. *Nougarède* relève, dans le Code ci-

vil, un vice auquel il ne propose pas le véritable remède : « Il est vrai, dit-il, que l'art. 335 ex-
» cepte du droit d'être reconnus, les enfans
» adultérins ; mais l'art. 336 permet de ne pas
» désigner la mère, et l'expérience a déjà fait
» voir quel est l'usage de cette faculté pour leur
» assurer sans obstacle, le titre et tous les avan-
» tages des enfans naturels. Il me suffit d'avoir
» appelé l'attention sur cette partie du Code,
» dont on ne paraît pas avoir assez remarqué
» les dangereuses conséquences. » (*Jurispr. du mariage*, liv. 12, c. 15.) Le mal que signale M. *Nougarède*, ne serait point effacé quand même on remplacerait l'art. 336 par une disposition contraire; en effet, que désormais, pour reconnaître un enfant, il faille nécessairement indiquer sa mère : qu'arrivera-t-il? Si la désignation de la mère doit entraîner la preuve d'un adultère, on s'abstiendra de reconnaître l'enfant; on le fera inscrire comme né de parens inconnus, et on lui assurera, si l'on veut, des droits plus étendus encore que ceux d'enfant naturel, toute la portion disponible, comme à un étranger. Ainsi, à moins d'autoriser la recherche de la paternité, ce qui n'est pas possible, le vœu de M. *Nougarède* offrirait plus d'inconvéniens que l'art. 336; mais j'ajoute que le vice indiqué par ce jurisconsulte, a son remède

dans les art. 341 et 342 qui permettent la recherche de maternité, même adultérine, *contre* l'enfant. (Voy. N°. **69**.) Si donc un célibataire l'a présenté à l'officier de l'état civil, et l'a reconnu comme son fils naturel, les parties intéressées pourront, par la recherche de maternité, démontrer qu'il est le fruit de l'adultère.

73. Le *désaveu* offre un moyen de constater contre un enfant, l'état d'adultérin.

« L'enfant conçu pendant le mariage a pour père le mari ; néanmoins celui-ci pourra désavouer l'enfant, s'il prouve que pendant le temps qui a couru depuis le trois centième jusqu'au cent quatre-vingtième jour avant la naissance de cet enfant, il était, soit par cause d'éloignement, soit par l'effet de quelque accident, dans l'impossibilité physique de cohabiter avec sa femme. » (Art. 312, C. civ.)

C'est ainsi que les rédacteurs du Code ont résolu, en droit, la question tant débattue des naissances tardives ou précoces. La loi ne reconnaît pas de phénomènes, autrement qu'y aurait-il de certain pour les juges ? Où s'arrêteraient les systèmes des médecins juristes ? N'a-t-on pas vu un docteur (1) croyant aux grossesses de *quatre* ans ?

----

(1) Skenk : voy. *Princip. de méd. lég.* par Metzger ; *Notes* sur la 5°. sect. par Ballard.

La règle qui détermine la durée des grossesses forme une présomption légale, en ce sens que, si le mari désavoue, ou si ses héritiers contestent la légitimité, on alléguera vainement, par voie de preuve contraire, une gestation dont le terme ne s'accorderait pas avec celui posé par la loi ; mais si le mari se tait, ou avoue expressément l'enfant né trop tôt ou trop tard, la présomption légale d'illégitimité cesse. (Voyez l'*Exposé des motifs de la loi sur la paternité, etc.*, par M. *Bigot-Préameneu.*

Pour l'application de l'art. 312, ne faut-il pas compter, pour *jour,* chaque série de vingt-quatre heures calculée n'importe à partir de quel point de la journée? De cette sorte, les vingt-quatre heures qui auraient précédé l'*instant* de la naissance (et cet instant doit être constaté dans l'acte de naissance (art. 57, C. civ.), formeraient le premier jour, et ainsi de suite. Ce mode de supputation pourrait paraître étroit et puéril, si la loi ne l'avait pas employé elle-même dans une occasion. (Voy. art. 40 du C. pén.) Il me semble admissible dans une matière où le Code civil mesure très-rigoureusement le temps qu'il assigne aux gestations. Si, au contraire, l'on entendait, par *jour*, ces périodes qui ne finissent et ne recommencent qu'à minuit, et que l'on n'eût aucun égard ni à l'heure plus ou moins avancée du jour de la naissance, ni à l'heure plus ou moins avancée à laquelle a commencé l'impossibilité de cohabitation pendant le trois centième jour avant celui de la délivrance, il y aurait quelquefois une différence de près de deux fois vingt-quatre heures entre des enfans jugés également légitimes; malgré cette différence, la gestation de tous deux serait censée avoir duré précisément le même nombre de *jours* : tel n'est pas l'esprit de l'art. 312.

74. Dans l'appréciation de l'*impossibilité physique*, pour cause d'*éloignement*, les juges sont des urés ; ne pas prendre en considération les vraisemblances, serait une affectation de rigorisme, une foule de circonstances purement relatives pourront influer sur les décisions des Tribunaux. — Il est du ressort de la médecine légale de déterminer la plupart des *accidens* qui peuvent être un obstacle casuel à la cohabitation.

75. Pour vérifier si le moment de la conception coïncide avec celui de l'absence du mari ou de sa présence, il faut savoir quand est né l'enfant. Qui devra prouver, dans l'incertitude, l'époque de cette naissance? Sont-ce le tuteur *ad hoc* et la mère? (Voy. N°. 84.) Est-ce le mari réclamant? Il y a distinction à faire. *Première*

hypothèse : La comparaison de l'âge apparent de tel enfant avec l'époque du mariage, ne permet-elle pas de douter qu'il ait été conçu pendant son cours : alors le mari ne pourra tirer avantage de l'impossibilité de cohabitation, tant qu'il n'aura pas, en prouvant l'époque de la naissance, établi que la conception concorde avec le temps de son absence; il doit faire cette justification à l'appui de son désaveu, il doit détruire la présomption légale : *Pater is est quem nuptiæ demonstrant.....Seconde hypothèse :* Au contraire, l'âge apparent de l'enfant laisse-t-il incertain s'il a été conçu depuis ou avant la célébration du mariage : le mari, dont la longue absence date des premiers temps de son union, désavoue à son retour; le tuteur *ad hoc* et la mère invoquent la possibilité d'un rapprochement; qu'ils fixent d'abord l'époque de la naissance, elle apprendra si la conception concorde avec l'époque du mariage à laquelle la prétendue cohabitation était possible. Ils sont défendeurs, qu'ils prouvent leur exception; sinon, le désaveu sera jugé valable, et l'enfant réputé, non pas adultérin, mais simple bâtard de la mère, puisqu'il ne sera pas constant qu'il ait été conçu depuis le mariage (1).

______

(1) C'est dans ce sens qu'il faut entendre l'Arrêt TEXIER

76. « Le mari ne pourra, en alléguant son *impuissance naturelle* (1), désavouer l'enfant. » (Art. 313 du C. civ.)

« La justice éternelle dit que, dans ce cas,
» si ce cas existe, l'homme doit supporter toutes
» les charges de la paternité dont il a témérai-
» rement affecté la puissance, et dévorer la honte
» d'un enfant dont il peut n'être pas le père,
» mais qu'il a eu la frauduleuse audace de pro-
» mettre à sa femme et à la société. » (M. *Du-*
veyrier, Disc. au Corps législat. sur la loi rela-
tive à la paternité, etc.)

77. « Le mari ne pourra désavouer l'enfant, même pour cause d'adultère, *à moins que la naissance ne lui ait été cachée*, auquel cas il sera admis à proposer tous les faits propres à justifier qu'il n'en est pas le père. » (Art. 313, C. civ.)

---

rapporté dans le *Journal du Palais*, t. 41, p. 387, Cour de Paris, 2 janvier 1815.

(1) Chacun sait à combien de procès graveleux l'impuissance naturelle avait donné lieu sous l'ancienne Jurisprudence. Les auteurs canonistes, sur-tout, se sont épuisés en détails savans sur les causes et les signes de cette impuissance ; plusieurs de leurs livres sont pleins d'anecdotes fort grasses. Voyez le *Traité de la Juridiction ecclésiastique* par l'abbé DE BREZOLLES. Il y avait aussi impuissance surnaturelle quand le diable jetait un maléfice sur un pauvre homme.....

Le désaveu pour impossibilité physique de cohabitation, suppose bien aussi adultère de la femme ; mais dans cet art. 313, il s'agit de l'adultère sans la circonstance d'éloignement ou d'impuissance accidentelle ; il est alors seulement possible que la paternité n'appartienne pas au mari, et cela devient probable lorsqu'on lui a caché la naissance. (Voy. N°. 27.)

Ici se présente cette question : Faut-il que le mari, avant d'être reçu à justifier qu'il n'est pas le père de l'enfant ait *préalablement fait juger* que la femme est coupable d'adultère ? M. *Merlin* soutint l'affirmative devant la Cour de cassation, entraîné, selon son aveu, moins par sa conviction personnelle que par l'autorité de MM. *Duveyrier, Lahary* et *Bigot-Préameneu*, dont les discours officiels semblent établir cette opinion : voici comment s'exprimaient ces orateurs. « Si la femme, ayant été *condamnée* pour
» adultère, avait caché la naissance de l'enfant,
» cette conduite deviendrait un témoignage de
» grand poids. (M. *Bigot-Préameneu, Exposé des*
» *motifs de la loi sur la paternité*). » « L'art. 313
» autorise le désaveu dans le cas d'adultère
» *prouvé* et du recel de la naissance ; il veut que,
» dans le *concours* de ces deux circonstances,
» le mari puisse désavouer, en prouvant qu'il
» n'est pas le père. » (M. *Lahary, Rapport au*

Tribunat sur la même loi.) « Il faut que l'adul-
» tère soit constant et il ne peut l'être que par
» un *jugement public;* il faut que la femme ait
» caché à son mari la naissance de l'enfant adul-
» térin, et, *ces deux conditions remplies, il faut*
» *encore* que le mari présente la preuve des faits
» propres à justifier qu'un autre est le père de
» l'enfant. » (M. *Duveyrier, au Corps législatif, sur la même loi.*) Néanmoins la Cour ne se
conforma point aux conclusions de M. *Merlin.*
Elle jugea, et avec raison, que le recèlement
de la naissance de l'enfant est la seule condition
exigée pour rendre admissible la preuve de non-
paternité, cette dernière preuve préjugeant nécessairement celle de l'adultère. (Voy. *Répert. de
jurisp.* v°. *Légitimite,* sect. 2, § 2.)

Au reste, ce serait au mari à établir qu'on lui
a caché la naissance; la fraude ne se présume
point.

Quels sont, dans le sens de l'art. 313, les
faits propres à justifier que le mari n'est point
le père de l'enfant désavoué? Dès qu'il ne s'agit
plus ici de l'impossibilité physique de cohabitation, le reste ne peut plus être que présomption; mais cette présomption se fortifie de l'a-
veu tacite que fait la femme en célant la naissance. Le juge est appréciateur arbitraire de la
pertinence des faits proposés par le mari : au

premier rang se présentent l'impossibilité morale, cette antipathie mutuelle de deux époux séparés, obstacle plus puissant à leur rapprochement que l'intervalle des mers; la Cour de Rouen (1) admit un désaveu fondé sur la seule impossibilité morale *sans que la naissance eût été cachée* au mari; elle estima que la séparation de corps et la dissention constante entre deux époux, suffisaient; je ne doute pas que cet Arrêt, s'il eût été déféré à la Cour suprême, n'eût été cassé d'emblée, pour violation des art. 313 et 312. D'autres circonstances qui justifieraient le désaveu sont, par exemple, l'éloignement, la prison, l'extrême vieillesse, les infirmités graves du mari; pourvu toujours qu'on lui ait fait mystère de l'accouchement, c'est la condition nécessaire de l'article : peut-être pourtant n'est-elle pas indispensable dans l'espèce suivante qui s'est offerte devant le Tribunal de Melun en 1825. Une blanche, épouse d'un blanc, met au jour un enfant mulâtre (un nègre habite la maison) : la naissance n'est point cachée au mari; peut-il désavouer par cela seul que l'enfant est mulâtre? La lettre de l'art. 313 répond positivement que non. Mais si l'on en consulte

---

(1) Arrêt du 9 août 1814, *Journal du Palais*, t. 41, p. 394.

l'esprit, il faut dire qu'il le peut : en effet, l'article admet au désaveu le mari, lorsqu'il allègue et le secret gardé sur la naissance, et d'autres indices convaincans ; ce ne sont là cependant que des présomptions, mais leur gravité et leur concordance en font une preuve morale ; à plus forte raison, on doit accueillir le désaveu fondé sur une véritable preuve physique de la non-paternité : celle tirée de la nature de l'enfant mulâtre est concluante par elle seule ; ce sera aux gens de l'art de la constater.

La rédaction de l'art. 313 pourrait donner à penser que le désaveu pour impuissance naturelle est prohibé dans le cas seulement où l'allégation de cette infirmité est isolée de toute autre circonstance ; mais que, si la naissance de l'enfant a été cachée au mari, il peut, à l'appui du désaveu, proposer tous les faits propres à détruire la présomption de paternité, *tous*, sans excepter l'impuissance naturelle ; ce serait une erreur ; l'art. 313, lorsqu'il fut soumis en projet au Tribunat, était ainsi conçu : « Le mari ne pourra désavouer l'enfant soit en excipant d'adultère de la part de sa femme, soit en alléguant son impuissance naturelle, à moins que la naissance de l'enfant ne lui ait été cachée, auquel cas il sera admis à proposer tous les faits propres à justifier qu'il n'en est pas le père. »

On objecta que rien n'était plus incertain que la preuve de l'impuissance naturelle, rien de plus scandaleux que les moyens de la vérifier; ces observations conduisirent à la rédaction définitive adoptée par le Code; le prétexte d'impuissance fut proscrit pour tous les cas et de la manière la plus absolue. Les discours des orateurs du Gouvernement sur la loi relative à *la paternité, etc.*, l'attestent.

78. Une femme accouche de deux jumeaux; le mari désavoue l'un d'eux valablement, il ignore l'existence de l'autre; bientôt il l'apprend et fait un deuxième désaveu, mais trop tard, plus de deux mois après la découverte de la fraude; on lui oppose cette fin de non-recevoir, peut-il alors prétendre que le désaveu régulier du premier jumeau emporte désaveu du second? Non, soit que le jugement sur le premier désaveu eût pour cause l'adultère de la femme, joint à la naissance cachée, soit qu'il fût motivé sur l'impossibilité physique de cohabitation. En effet, la physiologie admet-elle que deux jumeaux puissent avoir chacun un père différent : alors le mari ne désavouant que l'un des deux, s'est cru, sans doute par instinct, par conviction intime, père de celui-là seul qu'il n'a pas repoussé; la faveur due à l'enfant, et l'idée souvent expri-

mée par les orateurs du Gouvernement, que le silence du mari, pendant les deux mois, équivaut à un aveu formel de paternité, veulent qu'on l'interprète ainsi ; cet aveu est irrévocable ; le mari était libre, malgré même l'impossibilité physique de sa paternité, d'accueillir les deux frères comme ses fils ; cette concession toute gratuite, il ne l'a faite qu'au profit d'un seul, en renonçant à le désavouer dans le délai de la loi ; il ne lui appartient plus de se rétracter. La physiologie, au contraire, décide-t-elle que deux jumeaux ont nécessairement le même père et supposent une conception simultanée ; alors il est contradictoire, cela est vrai, que le mari soit déclaré père de l'un, quand il a déjà fait juger qu'il ne l'est pas de l'autre. Cependant les principes défendent de s'arrêter à cette contradiction ; l'autorité de la chose jugée n'a lieu qu'à l'égard de ce qui a fait l'objet du jugement ; il faut que la demande soit entre les *mêmes parties*. (Art. 1351, C. civ.) Un des jumeaux ne peut donc pâtir du jugement de désaveu porté contre l'autre et auquel il n'a point été appelé : Son droit demeure entier ; conçu pendant le mariage, et désavoué tardivement, il a pour père le mari.

79. L'enfant conçu peut-il être désavoué avant sa naissance ? D'un côté, l'on dirait pour l'affir-

mative : il est juste de permettre à un mari, au
lit de mort, de désavouer dans le sein de la
mère, un enfant auquel tout lui dit qu'il est
étranger ; ce désaveu dépendra de l'événement,
valable si, à l'époque de la conception, qui sera
vérifiée d'après celle de la naissance, le mari
était dans l'impossibilité physique de cohabitation ; nul et sans effet dans le cas opposé. Un
Arrêt (1) paraît avoir adopté cette doctrine.
Pour la négative on dira : d'abord, l'enfant
conçu pendant le mariage a le mari pour père,
tant que l'événement n'a pas démontré le contraire ; or, la naissance peut seule fixer sur l'é-
poque de la conception ; alors et seulement alors,
on peut savoir si la conception concorde avec le
temps de l'impossibilité de cohabitation. L'enfant pourrait ne pas naître viable, et le désaveu
ferait du scandale en pure perte. Ces désaveux
prématurés auraient tous les dangers qu'on re-
prochait autrefois aux *enquêtes d'examen à fu-
tur* sagement abolies par l'ordonnance de 1667,
tit. 13. En second lieu, l'enfant conçu n'est réputé né que lorsque cette fiction est à son avantage, il ne faut pas la tourner (L. 11, C. *de Natur.
liber.*) contre lui. Enfin, comment appliquerait-

---

(1) Arrêt de la Cour de Liége, 12 fructidor an 13, SIREY,
6.-2.-24.

on l'art. 318 ? L'impraticable, ce ne serait pas de nommer un tuteur *ad hoc;* ce serait ici une sorte de curateur au ventre ; mais la difficulté serait d'intenter, comme l'exige la loi, dans le mois du désaveu, l'action en justice (Voy. Nº. 84) : Que demanderait-on au Tribunal pendant la grossesse ? qu'il déclarât l'enfant adultérin ? Impossible avant l'accouchement ; il faudrait donc que son jugement dépendît aussi de l'événement ? Mais un jugement en matière d'état ne peut être conditionnel.

80. Quelles personnes peuvent désavouer, et dans quel délai ?

Du vivant du mari, lui seul est admis à désavouer ; cette règle est le corollaire de la maxime : Que lui seul peut accuser sa femme d'adultère. Ni le Ministère public, ni les héritiers présomptifs, ni le fondé de pouvoir général donné d'avance par le mari, ni son tuteur, s'il est interdit, n'auraient le même droit. La déclaration que ferait la mère de l'illégitimité de l'enfant serait sans effet : *Confessio matris infanti non nocet.*

Il ne serait pas impossible que l'enfant réclamât l'état d'adultérin, et voulût en faire preuve, si, par exemple, le nom du mari de sa mère était devenu un opprobre ; ou s'il avait lui-même porté des blessures à son prétendu père (Voyez art. 312 du C. pén.), ou bien si accusé de parricide il alléguait une excuse (Voy. art. 323, *ib.*); dans tous ces cas, malgré le grave intérêt de l'enfant à repousser le titre de fils, je pense qu'il serait non-recevable (1), quoiqu'il se borne à renier tel père, sans en rechercher un autre. Nul autre que le mari ne peut démentir la présomption de paternité.

Conséquemment celui qu'on viendrait troubler dans la possession de sa légitimité, et qui se reconnaîtrait formellement adultérin, n'en sera pas moins reçu ensuite à se prétendre légitime. Sa déclaration contraire reposait sur un fait qui ne lui était pas personnel, ce n'était que l'aveu de la faute de sa mère, et à ce double titre elle doit être sans effet. En outre on peut d'autant moins renoncer à son état (art. 1004 du C. de procéd.), que ce serait en dépouiller non-seulement soi-même, mais aussi ses propres enfans. La Cour de cassation dans un Arrêt du 28 juin 1815 (dont nous combattons ailleurs *les autres* dispositions, Voy. N°. 74), disait avec raison : « Que les confessions volontaires d'une *fi-* » *liation* adultérine se trouvent proscrites par » les mêmes motifs que les reconnaissances vo-

---

(1) Voyez dans ce sens *un* des considérans d'un Arrêt de la Cour de Rouen, 6 juillet 1820, SIREY, 20.-2. 261.

» lontaires d'une *paternité* adultérine; qu'elles
» offenseraient également les bonnes mœurs;
» qu'elles porteraient également atteinte à la
» pudeur sociale; qu'elles donneraient égale-
» ment lieu à des débats scandaleux, et qu'en
» conséquence elles sont également illicites. »

Délais pour le mari : Il doit, à moins peut-être de démence ou autre impossibilité (Voyez N°. 15 *in fine,* et N°. 81, *Délais pour les héritiers*), réclamer dans le mois, s'il se trouve sur *les* lieux de la naissance de l'enfant (art. 316, C. civ.); c'est-à-dire sur le lieu ou dans les environs. S'il ne s'y trouvait pas à l'époque de la délivrance, il a deux mois à partir de son retour (art. *id.*); mais si, pendant son absence, la famille lui a donné avis de la naissance, n'aura-t-il qu'un mois à compter du jour où il sera constant qu'il en a reçu la nouvelle? Sera-t-il alors réputé présent? Non, il profite des deux mois; il est important qu'il sache, par lui-même et sur les lieux, les circonstances de l'accouchement, qu'il reçoive les explications convenables. Il doit réclamer dans les deux mois après la découverte de la fraude, si on lui avait caché la naissance. (Art. *id.*)

81. « Si le mari est mort avant d'avoir fait sa réclamation, mais étant encore dans le délai

utile pour la faire, les héritiers pourront contester la légitimité. » (Art. 317 du C. civ.) Les *héritiers*, c'est-à-dire, ceux du mari (art. 318), et non pas ceux de la femme ; s'ils le sont en même temps de l'un et de l'autre, comme les enfans légitimes, ils ont la contestation de légitimité du chef du mari.

Les auteurs enseignent que par ces mots, les *héritiers*, on ne doit pas entendre les seuls héritiers *ab intestat*, mais aussi les légataires universels (selon M. *Toullier,* tom. 2, N°. 835); les légataires à titre universel (selon M. *Proudhon,* tom. 2, p. 52); les légataires particuliers, les donataires, les créanciers, enfin tous ceux qui ont à la succession du père des droits auxquels la légitimité de l'enfant pourrait préjudicier (selon M. *Delvincourt,* sur les art. 317 et 330). Voilà trois opinions différentes dont aucune ne me semble vraiment conforme à l'article 317 ; je pense qu'il ne parle que des héritiers *ab intestat :* l'on voit qu'en s'écartant une fois de cette interprétation resserrée, on est entraîné trop loin, il n'y a plus de raison pour s'arrêter. Le projet du Code contenait un article ainsi proposé. « Si le mari est décédé sans avoir fait le désaveu, mais ayant encore la faculté de le faire, la légitimité de l'enfant peut être contestée par tous ceux qui y ont intérêt. » Ces derniers mots effrayèrent; ils furent supprimés et remplacés par ceux-ci, les *héritiers*, et encore fut-ce à grand'peine, car plusieurs Cours d'appel demandaient (Voy. M. *Locré*) que l'action en désaveu s'éteignît avec le mari. Le désaveu est une accusation indirecte d'adultère, il contrarie la règle fondamentale *Pater is est, etc.*, il trouble les familles; aussi faut-il en restreindre la faculté au lieu de l'étendre. C'est une arme moins dangereuse dans les mains des héritiers *ab intestat* qui, parens ou alliés de l'enfant et de la mère, n'intenteront qu'avec circonspection un procès diffamant; admettez, au contraire, tout étranger intéressé; que d'abus! que d'actions indiscrètes! que de réputations sacrifiées aux plus frivoles soupçons! On a dû penser aussi que les étrangers pouvaient s'en rapporter aux héritiers *ab intestat* qui ont plus d'intérêt que tous autres à déposséder l'enfant, s'il est réellement adultérin... Mais si le mari mourait après avoir *réclamé*, sans avoir encore intenté l'action en justice exigée par l'art. 318 (Voyez N°. 84.), alors seulement j'admettrais toute personne intéressée à intenter, dans le mois de la réclamation, cette action qui n'offrirait plus les mêmes dangers.

Ce n'est pas qu'il faille donner un sens trop étroit au mot *héritiers* dans l'art. 317; ainsi, je

suppose un mari n'ayant à son décès qu'un fils,
et laissant un frère ou autre parent héritier à
défaut de l'enfant : Ce parent pourra-t-il le désavouer? Est-on en droit de lui dire : Vous êtes
inhabile à désavouer, car vous n'êtes pas héritier, tant que le fils est sous la protection de la
règle *Pater is est quem nuptiæ demonstrant ;* ce
serait préjuger l'illégitimité que de vous reconnaître, dès maintenant, un titre qui suppose
constante l'illégitimité de l'enfant. Cet argument
a quelque chose de spécieux ; néanmoins c'est ici
une de ces occasions dans lesquelles on doit être
admis à intenter une action en vertu d'une qualité présomptive et dépendante de l'issue même
du procès : ne pas admettre au désaveu le parent, héritier à défaut de l'enfant, exiger la qualité d'héritier déja acquise, ce serait restreindre
l'application de l'art. 317, au seul cas où l'enfant
aurait des frères ou sœurs, car eux seuls, peuvent être héritiers du mari en même temps que
l'enfant ; ce serait rendre, après la mort du mari,
le désaveu impossible contre un enfant unique.

Quid si le mari meurt avant la naissance de l'enfant ? On a prétendu (Voy. *Sirey,* 6.-2.-24) que
le droit de désaveu n'a jamais été ouvert pour lui,
qu'il ne l'a pas transmis à ses héritiers, que ceux-
ci ne l'ont point. Je pense, au contraire, que le
mari avait ce droit de désaveu, mais seulement

que l'exercice en était suspendu jusqu'à la naissance (Voy. N°. 79); que les héritiers peuvent dans ce cas désavouer le posthume.

Si le mari meurt civilement, par exemple, s'il a commis sur le complice de sa femme un meurtre jugé inexcusable, et qu'il soit condamné aux travaux forcés à perpétuité : ses héritiers auront, pour le désaveu, les mêmes droits que s'il était mort naturellement. (Art. 25, C. civ.)

L'art. 317 ne permet le désaveu qu'aux héritiers; je voudrais que, héritiers ou non, tous parens à un proche degré eussent, à la mort du père, cette action, pour repousser l'enfant des successions qui pourraient leur échoir en commun, et de leur propre succession; ce ne serait pas, pour eux, seulement un intérêt d'argent, mais de famille et d'honneur. Cependant il faut obéir à la lettre et à l'intention de l'art. 317, et n'accorder le désaveu qu'à ceux qui ont l'hérédité et la qualité d'héritiers; ainsi point aux enfans naturels, ils ne sont pas héritiers (art. 756); point aux héritiers renonçant, ils sont censés n'avoir jamais été héritiers (art. 785); point aux successibles exhérédés; je le répète, ces décisions sont bien rigoureuses. L'héritier bénéficiaire aurait le droit de désavouer, mais ferait en cela un acte d'acceptation tacite de la succession.

Quoique le tuteur d'un mari interdit ne puisse

désavouer au nom de son administré, le tuteur
de l'héritier mineur ou interdit le peut, à mon
avis, au nom de celui qu'il représente; raison de
cette différence : du vivant du mari, lui seul est
juge de son déshonneur; d'ailleurs souvent,
quoique les calculs de la physiologie semblent
accuser sa femme et que les époques comparées
de son absence et de la conception, fassent supposer qu'il n'est pas l'auteur de la grossesse, il
pourrait avoir, lui, la conscience de sa paternité,
en dépit des apparences; ce serait un sentiment
tout personnel; son tuteur ne peut donc le suppléer. Mais quand le désaveu passe aux héritiers,
il ne s'agit plus de cette conscience intime; on
n'a plus d'autres guides que les règles légales
sur la durée des gestations; l'application en est
facile pour le tuteur de l'héritier comme pour
l'héritier lui-même. Ajoutez à cela que le délai
pour désavouer courant même contre les héritiers mineurs ou interdits, il serait injuste de
ne pas souffrir qu'ils fussent représentés dans
cette occasion. (Voy. N°. 15 *in fine.*)

Délais pour les héritiers : « Ils ont, pour désavouer, deux mois à compter de l'époque où
l'enfant se serait mis en possession des biens du
mari, ou de l'époque où ils seraient troublés par
l'enfant dans cette possession. » (Art. 317, C. civ.)

Dans le premier de ces deux cas, la prescription de deux mois courrait-elle même contre les héritiers qui auraient été dans l'impossibilité de connaître la prise de possession par l'enfant ? Il faut bien dire que oui ; car, lors de la discussion du Code, on supposa qu'ils en auraient toujours avis ; on avait prévu l'hypothèse de leur absence, et néanmoins on ne fit aucune exception, aucune prorogation de délai pour cette circonstance : ce fut assigner des limites trop étroites à l'exercice d'une action si importante ; on était frappé de l'idée qu'il ne faut pas laisser l'état de l'enfant trop long-temps incertain, principe sage ; mais on l'appliqua avec une rigueur excessive contre les héritiers, dont les droits ont bien aussi leur valeur ; il ne peut arriver que rarement, ou plutôt il n'arrive jamais que, lorsqu'ils ont occasion de désavouer, l'enfant soit déjà parvenu à cet âge où les relations d'affaires et de famille exigent un nom assuré, une consistance, un crédit incompatibles avec l'incertitude de l'état ; qu'eût-il donc tant importé, quel mal fût advenu, si l'on eût laissé, quelques mois de plus, exposé aux attaques l'état d'un enfant en bas âge ?

Quand l'enfant est-il réputé s'être *mis en possession ?* Comme c'est là le point de départ d'une prescription très-courte, il est bon de le préciser ; il ne suffira pas de la saisine légale dont est investi l'enfant tant qu'il n'est pas désavoué; il faut des faits positifs , des actes apparens *animo heredis* , comme réquisition de scellés , installation de l'enfant ou d'un locataire de son choix dans le domaine du mari, perception des revenus , etc. ; on suppose que les héritiers, de leur côté, feront diligence, et, trouvant l'hérédité occupée , sauront ainsi que le délai pour désavouer a commencé à courir contre eux. S'ils ont au contraire devancé l'enfant, le trouble dont parle l'art. 317 résultera des notifications et autres actes annonçant ses prétentions, par exemple , si on les convoquait pour faire partie du conseil de famille de l'enfant mineur.

Dé pareils actes suffiraient-ils pour faire courir la prescription de deux mois quoique ni l'enfant, ni les héritiers ne fussent encore entrés réellement en possession ? Non, l'art. 317 exige pour cela, ou que l'enfant s'en empare le premier, ou que les héritiers l'aient déjà prise et y soient troublés; il faut *possession,* de la part soit de l'un, soit des autres; sans cela on serait conduit à dire aussi , contre le texte de l'article, que des héritiers, qui auraient eu du vivant du mari connaissance irrécusable de l'existence de l'enfant, n'auraient, par cette seule raison, que deux mois à compter *de la mort du mari;* le délai est si court qu'il serait trop dur de le faire, par interprétation, courir plus tôt que ne l'indique la lettre de l'article.

Si, de deux héritiers, un seul est troublé et laisse écouler deux mois sans désavouer, l'autre n'en sera pas moins recevable à le faire, si l'hérédité commune était déjà partagée ; et le jugement qu'il obtiendra attachera à l'enfant le caractère d'adultérin vis-à-vis même du cohéritier qui n'avait point contesté la légitimité. De même si la succession est restée indivise et que l'un des héritiers soit inquiété dans la jouissance de la partie qu'il possède séparément, on ne peut pas dire que les autres soient troublés dans leur possession, bien qu'ils soient copropriétaires.

Au reste les héritiers peuvent ne pas attendre que l'enfant se soit mis en possession ou les y trouble : sans qu'il ait manifesté la moindre prétention, sans même qu'il porte le nom du mari, je crois qu'ils peuvent prendre l'initiative et attaquer son état ; il a été conçu pendant le mariage, cela suffit ; les héritiers ont dès-lors un intérêt pressant et actuel, celui de s'assurer irrévocablement l'hérédité et d'en disposer comme propriétaires incommutables, sans craindre les contestations à venir.

82. Les lois romaines ne souffraient pas qu'on mit en question l'état d'un homme mort depuis plus de cinq ans; lorsqu'à son décès il était en possession de la liberté ou de l'ingénuité. On a prétendu (Voy. *Pandect. franç.*) que cette prescription doit encore être admise aujourd'hui, et appliquée aux questions de légitimité qui, d'après ce système, ne pourraient plus être soulevées cinq après la mort de l'enfant; on allègue le silence du Code civil, on invoque les anciens principes; ils seraient de quelque poids si la loi était en effet muette sur ce point, mais au contraire il résulte des art. 2262 et 2264, C. civ., que toute action qui n'est pas sujette à une prescription plus courte, se prescrit par trente ans. Si donc le mari, revenu d'absence plus de cinq ans après la mort de l'enfant, était décédé dans le délai utile pour le désaveu, les héritiers du mari auraient encore les deux mois fixés par l'art. 317, pour faire juger que l'enfant était adultérin. Sa légitimité usurpée ne sera irrévocablement consolidée, et ses ayant-cause ne pourront s'en faire un titre inattaquable que trente ans après sa naissance.

On tenait aussi dans l'ancienne Jurisprudence et d'après le Droit romain (L. 1, § 3, ff. *ne de Stat. defunct.*), que si une personne avait obtenu une sentence en faveur de son état et décédait pendant l'appel, il fallait s'en tenir au premier jugement. Des jurisconsultes qui ont écrit avant

le Code de procédure (Voy. *Pandect. franç.*),
appliquaient cette décision à l'enfant attaqué
comme adultérin. Mais la procédure actuelle
s'oppose au maintien de cette doctrine ; tout jugement de première instance, est, s'il n'y a exception formelle, soumis au recours en appel ;
et puisque le Code de 1806 s'est occupé des suites
de la mort des parties relativement aux instan-
ces, et n'a pas reproduit la décision des lois romaines, il n'est pas permis de la faire revivre :
il y aurait même, et il y avait en Droit romain,
une sorte d'anomalie à souffrir que l'on com-
mençât à controverser l'état d'un individu trois
ou quatre ans après sa mort, et à défendre de
continuer en appel, dans un délai plus court,
une contestation d'état déjà débattue et jugée
en premier ressort.

83. *Formalités relatives au désaveu.*
Le désaveu lui-même, et sans parler encore
de l'action en justice dont il doit être suivi, n'est
assujetti à aucune forme réglée, pourvu qu'il
ait le caractère de protestation. Dans le doute,
on interpréterait en faveur de la légitimité.

Il est nécessaire que la date du désaveu soit
assurée, afin qu'un mari qui aurait gardé le silence, par exemple, pendant les deux mois après
son retour, n'actionne pas pendant le troisième,

en produisant un désaveu fait après le délai utile, mais reporté par une antidate au temps où il aurait dû être fait ; aussi la loi veut-elle une sorte de solennité, l'intervention d'un tiers, comme l'indiquent les mots *réclamer, réclamation, acte extrajudiciaire*, dans les art. 316, 317, 318. N'importe quel sera ce tiers, président du Tribunal, juge-de-paix, notaire. Ce serait même assez d'une notification à quelque parent intéressé par honneur à contredire le désaveu, comme au beau-père du mari ; le Code n'indique, n'exclut personne ; mais un désaveu verbal ne suffirait pas, la matière est trop grave, les mots *réclamation, actes*, donnent trop bien l'idée d'une protestation autre que verbale, enfin le recours à un officier public ou ministériel est trop facile, pour que l'on se contente de la preuve testimoniale.

84. « Tout acte extrajudiciaire contenant le désaveu de la part du mari ou de ses héritiers, s'il n'est suivi dans le mois d'une action en justice, sera comme non avenu » (art. 318, C. civ.), sauf, tant que l'action n'est pas prescrite, à en faire un autre à partir duquel on aura encore un mois (1). Il est bien entendu que le mari

---

(1) *Rapport au Tribunat* par le tribun LAHARY, *sur la loi relative à la paternité, etc.*

ou les héritiers peuvent, sans qu'un acte extra-judiciaire soit préalablement nécessaire, se borner à une action en justice, pourvu alors qu'elle soit commencée dans les délais de la réclamation, tels qu'ils sont fixés par les art. 316 et 317.

De la combinaison des art. 317 et 318, résulte une conséquence bien dure contre les héritiers : posons une espèce : Un mari fait sa déclaration vers les derniers jours du délai que la loi lui accordait; il a un mois encore pour introduire l'action en justice sans laquelle son désaveu préliminaire est inutile; mais il meurt vers la fin de ce mois sans avoir intenté son action; ses héritiers, à la rigueur, n'auront plus, pour agir, que le reste du mois, délai presque toujours insuffisant pour eux. S'ils se présentaient un jour après son expiration, on leur dirait : Vous n'êtes point recevables à suivre sur la réclamation du mari, elle est comme non avenue, faute d'action dirigée dans le mois; vous n'êtes pas recevables de votre chef; car vous ne le seriez (art. 317), que si le mari était mort, soit avant d'avoir fait sa déclaration, mais étant encore dans le délai utile pour la faire, soit après l'avoir faite et l'avoir laissé périmer, mais étant encore dans le délai pour la refaire; or il est mort lorsque ce temps opportun était déjà passé. Dans cette occasion, comme en d'autres (Voy. N°. **81**), les intérêts des héritiers sont sacrifiés à la crainte témoignée par le législateur de laisser l'état de l'enfant trop longtemps incertain.

« L'action en justice sera dirigée contre un tuteur *ad hoc* donné à l'enfant (s'il est mineur, art. 318). » C'est au désavouant à faire ses diligences pour la nomination de ce tuteur pendant le mois qui suit sa réclamation : cette tutelle est entièrement spéciale. Je partage l'opinion de ceux qui pensent qu'elle sera donnée d'office par le Tribunal (1). Quoiqu'un tuteur ordinaire, si l'enfant en est déjà pourvu comme mineur, soit chargé de le représenter dans tous les actes civils, je ne pense pas qu'il suffise aux héritiers de diriger leur action contre ce tuteur; il n'aurait mission pour défendre au désaveu que s'il la recevait spécialement, car il faut un tuteur *ad hoc*.

L'art. 318 exige en outre que l'action intentée contre ce tuteur le soit « en présence de la mère. » Cette mesure est prise et dans l'intérêt de l'enfant, car nul n'est mieux que la

______

(1) La Cour de cassation a , le 25 août 1806 , déclaré qu'un tuteur *ad hoc* avait été valablement nommé par un conseil de famille composé de parens tous maternels, attendu que c'était pour le plus grand intérêt de l'enfant. SIREY, 6.-2.-952.

mère à portée de soutenir la légitimité; et dans l'intérêt de la mère, car elle a son honneur à défendre, et si l'enfant est déclaré adultérin elle est nécessairement adultère; la décision, bien qu'elle ne lui soit pas personnelle, préjuge véhémentement contre elle : il lui importait d'être entendue; si elle n'a pas été appelée en cause, la mère aura contre le jugement la tierce opposition et l'enfant la voie de requête civile faute d'avoir été défendu valablement. (C. de procéd., art. 474 et 481.) Les procès en désaveu seront communiqués au Ministère public. (*Ibid.*, art. 83.)

85. Lorsqu'il est constant en cause que le mari ou les héritiers ont laissé passer les délais fixés par les art. 316, 317 et 318, les juges doivent déclarer non-recevable leur contestation tardive, et cela d'office, si l'enfant ou le tuteur *ad hoc* se bornent à employer d'autres moyens sans invoquer la prescription; ce n'est point le cas de dire que le juge ne peut pas suppléer d'office le moyen tiré d'elle; ce principe, art. 2223, est vrai quand il s'agit d'intérêts purement pécuniaires et qui ne se rattachent pas à l'ordre public : mais ici la loi déclare légitime celui dont l'état n'est pas attaqué légalement; pour l'attaquer légalement, il faut le faire dans les

délais légaux; permettre de le troubler après
ce terme, ce serait violer la loi; le premier office des Tribunaux c'est d'en surveiller le maintien : *Non dubitandum est judicem, si quid à
litigatoribus vel ab his qui negotiis adsistunt mi-
nùs fuerit dictum, id supplere et proferre quod
sciat legibus et juri publico convenire.* (L. 1, C.,
Ut quæ desunt advocat.)

86. Le Tribunal doit-il nécessairement sanc-
tionner le désaveu du mari? Non, dans le cas
d'adultère joint au mystère gardé sur la naiss-
sance de l'enfant : alors le mari est simplement
reçu à proposer les faits propres à justifier qu'il
n'est point père de l'enfant; l'appréciation en est
arbitraire (art. 313). Mais, au contraire, la protestation est obligatoire lorsqu'elle est fondée
sur la preuve de l'impossibilité physique de cohabitation; l'art. 312 ne dit pas : « Le désaveu
pourra être admis, » mais bien : « Le mari pourra
désavouer. » Ce n'est facultatif que pour lui. Né
point déclarer l'enfant adultérin, sous prétexte,
par exemple, d'une gestation extraordinaire,
serait un excès de juridiction; le Tribunal est
juge de l'impossibilité de cohabitation pendant
le temps légal; cette circonstance une fois reconnue, le mari est juge souverain de sa paternité.

Dans la même hypothèse, si la réclamation émane des héritiers, le Tribunal sera pareillement lié et forcé de la ratifier : le droit accordé en termes généraux aux héritiers de *contester la légitimité*, ce droit appliqué au cas particulier de l'art. 312, n'est autre chose que celui de *désaveu* proprement dit, tel que l'avait le mari, aussi absolu, aussi impératif; les juges ne pourraient pas davantage refuser leur homologation sous prétexte de grossesse extraordinaire.; ce serait mettre leur présomption privée à la place de la présomption de la loi.

87. La loi ne subordonne pas le désaveu à une condamnation pour adultère : si donc une fin de non-recevoir s'opposait à ce que le mari obtînt devant les Tribunaux satisfaction de celui de sa femme, il n'en serait pas moins reçu à désavouer l'enfant qui en serait né. J'excepte le cas où il aurait consenti à son déshonneur (Voy. N.° 20); il faudrait alors qu'il subît la charge de l'enfant; il a autorisé l'adultère, qu'il en accepte les suites.

Il y aurait fin de non-recevoir contre le désaveu du mari s'il avait en pleine connaissance de cause fait acte de paternité : par exemple si, réclamant quelque immunité accordée au grand nombre d'enfans, il avait compté parmi les

siens, comme légitime, celui qu'il voudrait repousser ensuite ; s'il le traitait de fils dans des
écrits ou actes ; s'il se désistait du désaveu,
même sans que le désistement fût accepté.

88. Mais quand le désaveu est consacré par
jugement définitif, le mari vînt-il à reconnaître
que la paternité, reniée sur les apparences, lui
appartenait réellement, il ne dépend plus de lui
de restituer à l'enfant l'état de légitime. Peut-
être y aurait-il quelque lieu d'en douter lors=
que le désaveu était fondé sur l'absence, et par
conséquent obligatoire pour le Tribunal : alors,
dirait-on, détruire l'effet de la sentence par la
rétractation du mari, ce n'est pas compromettre
l'autorité de la chose jugée ; le seul point que
les juges aient fixé par eux-mêmes, c'est le fait
de l'absence et de sa durée, ils étaient du reste
forcés de confirmer le désaveu ; ce n'est donc
pas au fond leur décision qu'on attaque, on oppose seulement à la première déclaration du
mari la seconde émanée aussi de lui-même :
d'ailleurs, ajouterait-on, il n'y a point de fins
de non-recevoir contre la réclamation d'état
(art. 328) ; elle est *imprescriptible*. Malgré ces
raisons je ne pense pas que le témoignage tardif
du mari puisse l'emporter sur le désaveu jugé
valable : d'abord il n'est pas exact de dire que

l'imprescriptibilité de l'état exclut toute fin de non-recevoir, elle s'entend seulement de la propriété qu'ont les réclamations d'état de pouvoir être agitées en tout temps par l'enfant, on peut consulter là-dessus l'*Exposé des motifs de la loi relative à la paternité et à la filiation*. Ensuite n'y aurait-il pas une foule d'inconvéniens à relever une question d'état déjà jugée en dernier ressort, et dont la solution est acquise à tous les intéressés ?

89. Tant que le désaveu n'est pas déclaré valable, l'enfant adultérin est censé légitime, il doit être nourri, entretenu et élevé par les époux; il est protégé par la règle *Pater is est, etc.*, jusqu'à l'issue du procès; il se trouve dans la position d'un possesseur de bonne foi qui fait les fruits siens. Le mari ne peut, avant l'illégitimité prononcée, adopter un autre individu; il garde l'administration des biens de celui qu'il désavoue, ou sa tutelle, sans que le tuteur *ad hoc*, seulement chargé de défendre à l'action en désaveu, y ait rien à prétendre : quant à l'usufruit légal sur les biens personnels de l'adultérin, le mari retient ce qu'il a perçu de bonne foi.

90. Après avoir traité du désaveu, signalons un cas où, sans qu'il y ait eu impossibilité phy-

sique de cohabitation ou naissance cachée, l'on est reçu à prouver la qualité d'adultérin contre un enfant conçu pendant le mariage : c'est lorsque l'enfant, à défaut de titre et de possession constante, ou s'il a été inscrit soit sous de faux noms, soit comme né de père et mère inconnus, est admis à prouver sa filiation par témoins; alors, dit l'art. 325, « la preuve contraire pourra se faire par *tous les moyens* propres à établir que le réclamant n'est pas l'enfant de la mère qu'il prétend avoir, ou même, la maternité prouvée, qu'il n'est pas l'enfant du mari de la mère. » Les Tribunaux peuvent accueillir toutes sortes d'articulations; on leur laisse la plus grande latitude. (Voy. M. *Locré, Esprit du Code civil*, art. 325.)

Après la mort du mari, toute personne intéressée est en droit de faire cette preuve contraire; la fin de l'art. 324 le suppose, et cela s'infère encore de la rédaction de l'art. 325, qui ne détermine pas ceux à qui cette preuve est permise. Il n'est pas étonnant que, dans l'hypothèse des art. 325 et précédens, sacrifiant la règle *Pater is est*, etc., on ait aussi sacrifié cette autre règle, qu'après le décès du mari, ses héritiers ont seuls le droit de désaveu.

Les délais fixés par les art. 316, 317 et 318 ne sont pas applicables ici; ils sont spéciaux pour la matière du désaveu. Ici tant dure la demande de l'enfant, tant dure l'exception des défendeurs.

La condition de l'enfant que les art. 323 et 325 admettent à prouver sa filiation par témoins, dépendra de la direction première donnée à la défense de ses adversaires : s'ils opposent sur-le-champ à sa recherche de maternité la preuve qu'il n'est pas né du mari de la mère, il est arrêté par cette fin de non-recevoir, car l'art. 342 lui interdit de provoquer lui-même la preuve de sa filiation adultérine; il reste étranger à la mère qu'il réclamait. (Voy. N°. 69.) Mais si l'on n'a point employé contre lui cette fin de non-recevoir; s'il s'est fait déclarer enfant de la femme mariée; s'il conclut de ce jugement obtenu qu'il est fils du mari puisqu'il a été conçu pendant le mariage; si, à cette seconde prétention, les parties intéressées répondent par la preuve qu'il n'est pas enfant du mari, alors il est légalement tenu pour adultérin.

CHAPITRE II.

DE L'ÉTAT ET DES DROITS DES ENFANS ADULTÉRINS.
DROITS DE LEURS PARENS VIS-A-VIS D'EUX.

SOMMAIRE.

91. *Etat de l'adultérin.*

92. *A-t-il droit aux alimens du vivant des père et mère? Leur en doit-il? Peut-il en demander durant le mariage de ses père et mère communs en biens? Rapports pécuniaires entre l'aïeul et l'enfant adultérin de son fils légitime, ou l'enfant légitime de son fils adultérin.*

93. *Rapports naturels entre les mêmes, et entre l'adultérin et ses collatéraux et alliés.*

94. *Questions sur la tutelle des enfans adultérins.*

95. *L'adultérin est-il sous puissance paternelle? Ses parens ont-ils l'usufruit légal?*

96. *Légitimation de l'adultérin interdite : exception.*

97. *S'il peut être adopté.*

98. *Nom de l'adultérin.*

99. *Quel consentement faut-il au mariage de l'adultérin?*

100. *Rapports de l'adultérin vis-à-vis du conjoint de son père ou de sa mère ; il est al-*

lié : du reste , point d'incapacité entre eux.

101. Droits de l'adultérin dans la succession des père et mère. Droit ab intestat *aux alimens. Règles et exceptions à cet égard.*

102. Incapacité de recevoir au-delà des alimens. Qui peut demander la nullité partielle de la disposition excessive? Les parens adultérins sont-ils personnes interposées dans le sens de l'art. 911? Autre question.

103. Exclusion des successions en ligne ascendante ou collatérale.

104. A qui est dévolue la succession de l'adultérin? Ses parens ont-ils le retour légal?

91. La loi civile frappe les enfans adultérins d'une espèce de péché originel dont la tache est ineffaçable; c'est une injustice relative, mais une nécessité; avertie de l'avenir réservé au fruit de l'adultère, la femme doit craindre de donner une si triste vie à l'enfant qui naîtrait de sa faute; sentiment de mère, gage de la fidélité de l'épouse.

Dans l'ordre politique, les adultérins sont au même rang que les autres citoyens.

Leur incapacité civile ne s'étend pas au-delà du cercle des rapports de famille.

92. « La loi n'accorde à l'enfant adultérin que des alimens. » L'art. 762 qui les lui assure,

est placé au titre *des Successions.* Il y peut néanmoins prétendre du vivant de ses père et mère ;
leur obligation résulte des termes généraux de
l'art. 762, quelle que soit la place qu'il occupe
dans le Code. « Car enfin les enfans adultérins
» n'en sont pas moins des hommes, et tout
» homme a droit de recevoir au moins des ali-
» mens de ceux qui lui ont donné la vie. » (M. *Siméon, Disc. au Corps législ. sur la loi relative
aux success.*) *Necare videtur non tantum is qui
partum perfocat, sed et is qui alimonia denegat.*
(L. 4, ff., *De agnosc. et alend. liber.*)

En cas de contestation sur le lieu où doit
être élevé l'enfant, la décision de ce point sera
laissée à la prudence du Tribunal.

Quant aux père et mère adultérins, l'enfant
qui leur aurait assuré des alimens n'aurait à exercer aucune répétition contre eux (art. 1235);
mais peut-il être, par action, contraint à leur
en fournir ? Leur parenté, qui fait leur titre,
est la suite de leur délit, sans doute ; sans doute
aussi l'art. 205, au chapitre *des Obligations qui
naissent du mariage* et qui impose à l'enfant légitime le devoir de fournir des alimens, cet article n'est pas fait pour eux : néanmoins leur
action serait accueillie, parce que la réciprocité en matière d'alimens semble être dans l'esprit du Code, art. 207.

L'enfant adultérin peut, même *pendant* le mariage à la violation duquel il doit le jour, ré clamer des alimens de son père commun en biens. En vain objecterait-on que « la reconnaissance faite pendant le mariage par l'un des époux au profit d'un enfant naturel qu'il aurait eu, avant son mariage, d'un autre que de son époux, ne peut nuire à celui-ci (art. 337); » qu'à bien plus forte raison, la survenance d'un enfant adultérin ne peut nuire à l'épouse légitime; que les alimens accordés lui porteraient préjudice, puisqu'ils diminueraient d'autant les économies qu'auraient faites le mari, et qu'en définitive la masse à partager, lors de la dissolution de la communauté, serait d'autant moindre. A ce système, on répond : S'il était vrai que les termes cités de l'art. 337 interdissent au simple bâtard de demander des alimens au préjudice de l'épouse, on serait fondé à dire que l'adultérin doit plus rigoureusement encore être repoussé; mais le seul but de l'art 337, c'était (1) de refuser à l'enfant naturel reconnu pendant le mariage les droits auxquels il pourrait prétendre comme successeur irrégulier sur les biens de son père décédé, et non de sim-

---

(1) Ainsi jugé le 27 août 1811 par la Cour de cassat. , SIREY , 12.-1.-13.

ples alimens que tous les enfans ont également droit d'exiger. L'art. 337 ne prouve donc rien ici contre l'adultérin : si l'existence de la femme légitime du père adultérin était, d'après cet article, suffisante pour arrêter l'action en alimens, cela mènerait à une antinomie réelle, et voici comment : l'art. 337, qu'on voudrait appliquer par extension, déclare que l'enfant ne pourra non plus nuire aux enfans légitimes ; il faudrait donc induire de là, comme on le fait à l'égard de la femme, que leur existence est un obstacle à la demande en alimens : or, cette proposition serait directement contraire à l'article 763, qui veut que les alimens soient réglés selon le nombre des héritiers légitimes, enfans ou autres. Écartons l'art. 337, reste le principe que la communauté peut être poursuivie pour toutes les obligations contractées par le mari..... Mais devra-t-il récompense pour ces alimens, lors de la dissolution de communauté? La négative semblerait fondée sur ce que la communauté, comme usufruitière, doit supporter les pensions alimentaires (argument de l'art. 610), et sur ce qu'elle est grevée des arrérages et intérêts des rentes ou dettes passives personnelles aux époux (art. 1409-3°.) : d'où il résulterait qu'elle est chargée de la pension alimentaire qui est tout arrérages, sans récompense pour la femme. Je crois cependant qu'il y a lieu, pour celle-ci, à une indemnité; en effet, la dette d'alimens envers l'enfant adultérin est d'une nature toute particulière, qui ne permet pas de lui appliquer la règle ordinaire posée à cet art. 1409; les arrérages que cet article fait entrer au passif de la communauté y figurent, parce qu'ils sont le plus souvent la suite d'opérations dont la société profite plus ou moins; c'est une conséquence de l'équilibre que la loi a voulu établir entre l'actif et le passif. Mais les alimens dus à l'adultérin, qu'ont-ils rapporté à l'actif? Ne serait-il pas amèrement dérisoire de faire peser en partie sur la femme la charge d'un enfant dont la naissance est pour elle un affront? La dette du mari a pour cause un délit, l'obligation de fournir des alimens en est une peine; appliquons par analogie l'art. 1424 : « Les amendes encourues par le mari, pour crime n'emportant pas mort civile (et pour délits), peuvent se poursuivre sur les biens de la communauté, sauf la récompense due à la femme. » Voy. aussi les art. 1409-2°., et 1437 : « Toutes les fois qu'il est pris sur la communauté une somme pour acquitter les dettes ou charges personnelles à l'un des époux, il en doit récompense. » La femme sera donc indemne. Ajoutons que c'est un motif de plus pour reconnaître que, l'adultérin ne lui causant ainsi aucun préjudice, il ne faut pas s'arrêter à l'argument tiré plus haut de l'art. 337, contre l'action en alimens intentée durant la communauté.

L'adultérin pourra-t-il, du vivant du mari qui l'a désavoué, exiger des alimens de sa mère commune en biens? Sur quoi les prendrait-on? sur les revenus? Ils appartiennent au mari; sur les biens de la communauté? Encore moins (article 1426); sur la nue propriété des biens personnels de la femme? Je ne vois que ce moyen-là de praticable (argument des art. 1410 et 1424) : en réservant la jouissance à la communauté, on vendrait cette nue propriété, on en placerait le prix, dont l'intérêt servirait la pension alimentaire (1).

Un père n'est pas tenu à des alimens envers l'enfant adultérin de son fils légitime, dont il n'a point à payer la faute (2); mais un père en doit-il à l'enfant légitime de son fils adultérin? Il semble juste de mettre à sa charge la descen-

---

(1) Un Arrêt de la Cour de Rennes, 22 mars 1810, juge que la mère naturelle et même adultérine doit, *durant* le mariage, des alimens à son enfant. Dans l'espèce, la mère était séparée de biens, SIREY, 10.-2.-255.

(2) Voyez Arrêt de cassat. du 7 juillet 1817, SIREY, 17.-1.-289.

dance d'un fils qui n'est lui-même que le fruit de son délit : néanmoins, cette décision serait en opposition avec ce principe, qu'aux yeux de la loi civile qui règle les rapports pécuniaires résultans des liens de famille, un père adulté-rin n'a pas de petit-fils, pas plus qu'un enfant adultérin n'a d'aïeux ou de collatéraux. Sous ce point de vue, la famille adultérine ne se com-pose jamais que de trois membres, l'enfant, la mère et le père ; le reste est étranger.

93. Il en est autrement s'il s'agit d'empêche-mens de mariage : « En ligne directe, le ma-riage est prohibé entre tous les ascendans (1) et descendans légitimes ou naturels (conséquem-ment les adultérins) et les alliés (Voy. N°. 100) dans la même ligne ; en ligne collatérale, le mariage est prohibé entre le frère et la sœur légitimes ou naturels (et adultérins) et les al-liés au même degré. » (Art. 161 et 162, C. civ.) Y a-t-il prohibition de mariage entre un en-fant adultérin et le frère ou la sœur de son père ou de sa mère ? M. *Loiseau*, *Traité des Enfans naturels*, p. 746, pense que oui. Je suis d'un

---

(1) L'art. 299 du C. pén. qualifie *parricide* le meurtre des père ou mère naturels même adultérins, et non celui des autres ascendans non légitimes

avis différent : les art. 161 et 162 proscrivaient nommément le mariage entre ascendans et descendans *légitimes ou naturels* et entre les frères et sœurs *légitimes ou naturels*. Vient ensuite l'art. 163 : « Le mariage est encore prohibé entre l'oncle et la nièce, la tante et le neveu. » On n'ajoute plus *légitimes ou naturels*, parce que la loi ne connaît pas d'oncle naturel (article 766). Ce rapprochement des art. 161, 162 et 163, cette différence remarquable de rédaction annoncent que le mariage n'est défendu qu'entre oncle et nièce légitimes. Dira-t-on que précisément ces mots *oncle et nièce*, sans explication dans l'art. 163, s'entendent de *tous*, sans distinction même des adultérins ? Si tel eût été le sens qu'y attachait le législateur, il aurait cru superflu, dans les art. 161 et 162, d'ajouter *légitimes ou naturels* aux mots *ascendans et descendans, frères et sœurs*. Remarquez encore que la loi ne regarde pas la prohibition entre oncle et nièce comme tellement sévère, qu'elle ne puisse jamais être levée (article 164); c'est un motif pour que, dans une question douteuse, on penche plutôt vers la validité du mariage que vers la prohibition. Enfin, la crainte de voir la réunion sous un même toit, des rapports intimes de famille, l'influence d'un oncle sur sa nièce, devenir une source de corruption, a dicté l'art. 163. Cette crainte cesse à l'égard de personnes qui n'ont entre elles qu'un lien de parenté adultérine, l'art. 163 ne leur est donc pas applicable.

94. Le père ou la mère adultérins n'ont point la tutelle légitime de l'enfant, aucun article du Code ne la leur confère; ce serait en effet un scandale que de mettre des parens adultérins en continuel rapport avec l'enfant, tandis que -la loi a tant à cœur d'en laisser oublier la naissance; ce serait aussi une occasion de trouble parmi des époux dont l'un serait adultère. (Voy. en outre l'art. 444, C. civ.)

Quel sera donc le tuteur? Celui nommé *ad hoc* pour défendre au désaveu, suivant l'art. 318, ne deviendra pas de droit le tuteur pour le reste de la minorité, sa mission est spéciale. La tutelle sera dative.

La composition du conseil de famille offre des difficultés ; il n'y a pas moyen de suivre les règles ordinaires tracées par l'art. 407, qui le forme de parens et alliés : y appeler comme allié (Voy. N°. 100) le mari de la mère adultérine, ce serait blesser toute bienséance et compromettre les intérêts de l'enfant : comment en confier la surveillance à celui qui l'a désavoué ? Les père et mère adultérins, tout parens qu'ils sont du mineur, ne feront pas non plus partie du conseil, eux à qui l'on refuse la tutelle (article 445, C. civ.). Quant aux frères de l'adultérin, je ne crois pas qu'ils soient membres de son conseil de famille, pas plus que lui-même ne le serait du conseil de famille nommé à ses frères enfans légitimes de son père ou de sa mère. Le conseil de tutelle sera donc composé de citoyens connus pour avoir eu dès relations habituelles d'amitié avec le père ou la mère du mineur. (Art. 409.)

95. L'enfant adultérin est-il soumis à la puissance paternelle ? Peut – on lui appliquer les moyens de correction fournis par les art. 376 et suivans du Code civil ? Ces moyens sont institués dans l'intérêt de l'enfant ; il paraîtrait sage de les employer (1) vis-à-vis de celui dont la filiation adultérine est légalement constatée. Mais la lettre de l'art. 383 s'y oppose : « Les articles 376, 377, 378 et 379 sont, dit-il, communs aux père et mère des enfans *naturels légalement reconnus.* » Ils ne le sont donc pas aux père et mère des adultérins qui ne peuvent être reconnus. On vient de voir (N°. 94) pourquoi

---

(1) M. Loiseau, *Traité des enfans naturels*, pense qu'on le peut, p. 743.

la tutelle ne leur appartient pas, les mêmes raisons leur interdisent la puissance paternelle.

Quant à l'usufruit légal, nul doute qu'ils n'en jouissent pas ; ce serait une récompense de leur délit. La rédaction de l'art. 384 est telle qu'on ne peut pas songer à l'invoquer pour eux : « Le père, *durant le mariage,* et après la dissolution du *mariage* le survivant des père et mère, auront la jouissance des biens de leurs enfans, etc. » (Art. 384.)

96. L'art. 331 du Code civil déclare que les enfans nés d'un commerce adultérin ne pourront être légitimés par le mariage subséquent de leurs père et mère. Il en était ainsi dans l'ancien Droit (1).

Par les raisons énoncées au N°. **68**, je pense que l'enfant né de parens dont l'adultère est innocenté par une excuse justificative, peut être légitimé ; que si l'un d'eux seulement était justifié, celui-là seulement sera censé légitime, et non l'autre ; mais que, même dans ce cas, l'enfant aura les droits légitimes vis-à-vis des deux.

---

(1) On trouve des exceptions. Plusieurs enfans adultérins de Henri IV furent légitimés ; Louis XIV en eut neuf qui le furent aussi :

> ..... *Fortunæ veniam damus : alea turpis,*
> *Turpe et adulterium mediocribus....*

(JUVÉNAL, sat. 11.)

97. Les enfans adultérins ne peuvent être adoptés par leurs père et mère : la doctrine contraire avait des partisans (1), lorsque la Jurisprudence semblait se prononcer pour la validité de l'adoption des simples bâtards (2) ; aujourd'hui qu'on en reconnaît généralement la nullité (3), on doit, à plus forte raison, proscrire celle des adultérins (4). L'adoption suppose deux familles (art. 346, 347, 348 et 349) : par elle, l'adopté *devient* ce qu'il n'était pas, enfant et enfant légitime de l'adoptant. Or, il répugne à la nature des choses que celui qui est déjà l'enfant d'un individu le *devienne;* il répugne davantage encore aux sains principes que celui

---

(1) Voyez Sirey , 15.-2.-213.

(2) Voyez trois Arrêts de la Cour de Grenoble, Sirey, 9.-2.-204. — Arrêt de la Cour de Bruxelles du 16 prairial an 12 , Sirey , 5.-2.-41. — Arrêt de la même Cour, 22 avril 1807 , Sirey , 7.-2.-174.

(3) Voyez *Répertoire de M.* Merlin, Supplém. t. 16, v°. *Adoption.* Voyez aussi Arrêts de la Cour de Paris, 15 germinal an 12, Sirey, 4.-2.-114. — Cour de Nismes , 3 prairial an 12, Sirey, 4.-2.-458. — Même Cour, 18 floréal an 12, Sirey, *ibid.*

(4) On a jugé que la loi du 25 germinal an 11 , qui a confirmé les adoptions antérieures au Code civil, n'a point confirmé celles d'enfans adultérins. Arrêt de la Cour de Nancy , 18 août 1814, Sirey, 15.-2.-209. — Cour de cassat., rejet, 23 déc. 1816, Sirey, 17.-1.-164. — Arrêt contraire, Cour d'Aix, 10 janvier 1809, Sirey, 9.-2.-258.

qui est enfant adultérin, devienne enfant légitime : l'admettre, ce serait exciter à l'adultère, ce serait violer l'art. 762, qui n'accorde à l'adultérin que des alimens, ce serait violer l'article 908, qui ne lui permet de rien recevoir au-delà, ce serait violer l'art. 911, qui condamne les dispositions déguisées au profit d'un incapable, ce serait méconnaître l'esprit de l'article 331, en introduisant une sorte de légitimation en sa faveur. Le principal motif invoqué pour faire tolérer l'adoption des simples bâtards, ce fut que souvent, pour se ménager la faculté de les adopter en fraude de la loi, si elle s'y opposait, le père différerait de les reconnaître, et que cependant il pourrait mourir sans les avoir adoptés ni reconnus (Voy. M. *Locré, Espr. du C. civ.*) : la crainte de voir ainsi l'enfant privé d'état n'est d'aucun poids en faveur de l'adoption de l'adultérin, puisque la loi défend de le reconnaître.

98. L'enfant adultérin a, comme tout enfant naturel, le nom de famille de sa mère (1). Un ancien Arrêt rapporté par *Augeard*, tom. 2, p. 26, autorisa des enfans adultérins à porter le

---

(1) Voyez Arrêt de la Cour de Bruxelles du 5 janvier 1807, SIREY, 7.-2.-62.

nom d'un homme marié contre qui il y avait
preuve de paternité : on ne jugerait plus ainsi.

99. D'après l'art. 159 du C. civ., l'enfant
naturel qui n'a point été légalement reconnu
ne pourra, avant l'âge de vingt et un ans, se
marier qu'après avoir obtenu le consentement
d'un tuteur *ad hoc.* Cette disposition s'applique
à l'enfant adultérin. Le tuteur sera nommé
par le conseil de famille formé comme nous
l'avons vu N°. **84.** Le tuteur déjà choisi pour le
reste des intérêts du mineur pourra être autorisé
ad hoc.

100. Rapports de l'enfant adultérin vis-à-vis
du conjoint de son père ou de sa mère :

L'enfant adultérin est *allié* de ce conjoint.
Cette proposition a été consacrée par la Cour de
cassation (1) : « Attendu que le mariage établit
» une alliance entre les conjoints et leurs en-
» fans respectifs ; que rien ne peut empêcher

———

(1) Arrêt du 6 avril 1809, Sɪʀᴇʏ , 9.-1.-136. Il jugeait que
l'adultérin, comme allié, ne pouvait être entendu en témoignage contre le mari de sa mère. L'Arrêt est rendu sous
l'empire du Code de brumaire an 4, art. 358 ; mais les
mêmes principes, à cet égard, s'appliqueraient aux art.
322 et 156 du C. d'instr. crim. de 1808, qui répète la même
prohibition que le Code de brumaire. — Voyez aussi le
art. 268 , 285 du C. de procéd. civ

» cette alliance d'exister dès qu'elle a été pro-
» duite par un mariage valablement contracté ;
» qu'en conséquence le vice de la naissance d'un
» enfant n'est d'aucune considération à l'égard
» du mari qui a contracté une union légale avec
» la mère reconnue de cet enfant illégitime ;
» qu'on doit décider ainsi par la raison qu'il
» existe toujours un lien naturel entre la mère
» et son enfant, lors même que cet enfant se-
» rait un bâtard adultérin ; que l'existence de
» ce lien naturel est indépendante du Droit po-
» sitif; il existe par cela seul qu'il est physique-
» ment impossible qu'il n'existe pas, et dès-lors
» on ne peut rien conclure contre sa réalité et
» contre ses effets, des dispositions de la loi ci-
» vile concernant l'état et les droits du bâtard
» adultérin, soit dans la société, soit à l'égard
» des auteurs de sa naissance, ces dispositions
» étant uniquement relatives à l'ordre civil, et
» ne pouvant rien changer aux règles immua-
» bles de la nature. »

Du reste, l'adultérin est étranger à l'épouse de son père, il l'est au mari de sa mère : l'adoption, les donations sont permises d'eux à lui ; entre eux nulle incapacité.

D'autre part, le désaveu du mari efface tous les rapports de paternité et de filiation qui avaient existé en apparence tant que l'enfant n'était pas repoussé de la famille. Sa naissance sous la protection de la règle *Pater is est quem nuptiæ demonstrant* avait produit tous les effets de la légitimité ; ces effets cessent dès qu'il est proclamé adultérin ; le jugement rétroagit ; l'enfant est censé n'avoir jamais appartenu au mari ; c'est ainsi que les donations révoquées par sa survenance revivent, etc.

101. Droits de l'adultérin dans la *succession* de son père ou de sa mère :

« La loi n'accorde aux enfans adultérins que des alimens. » (Art. 762.) *Verbo victûs continentur quæ esui potuique cultuïque corporis, quæque ad vivendum homini necessaria sunt.* (L. 43, ff., *de Verb. sign.*)

« Ces alimens sont réglés eu égard aux facultés du père ou de la mère, au nombre et à la qualité des héritiers légitimes. » (Art. 763) (1). Ainsi dans une succession dévolue à un enfant

---

(1) On avait dans le *Projet du Code*, à la suite de l'art. 763, proposé la disposition suivante : « Le remboursement du capital des alimens pourra cependant être ordonné à la majorité de l'enfant, si ce remboursement est jugé utile pour lui assurer un état, et si sa conduite passée offre une garantie suffisante de sa conduite future. » Plusieurs membres du Conseil d'État s'élevèrent contre cet article, qui fut retranché. (Séance du 2 nivôse an 11.)

légitime et qui ne présenterait que la valeur d'a-
limens pour deux personnes, l'adultérin ne pren-
drait pas moitié.

Quant à son concours avec d'autres que des
héritiers légitimes, la fixation des alimens sera
plus forte si le fisc succède; moindre si c'est l'é-
poux survivant; moindre encore si les biens
sont recueillis par un bâtard simplement naturel; et enfin plus restreinte s'il y en a plusieurs
de cette qualité. (Argum. de l'art. 763.)

Au surplus ces règles sont laissées à l'arbitraire du juge.

Si le père ou la mère a disposé de l'hérédité,
les alimens seront les mêmes soit qu'un seul légataire, soit que plusieurs soient nommés; ce
n'est pas à l'enfant de pâtir de ce qu'il a plu au
défunt de diviser ses biens.

Ces proportions indiquées se combineront
lorsque la succession se partagera à-la-fois entre des héritiers légitimes, irréguliers et institués.

L'enfant pourra requérir l'apposition des scellés sur les biens du défunt. (Art. 909, C. de
procéd.)

La dette des alimens est supportée comme
charge de la succession par les divers succes-
seurs. (Voy. les art. 870 et suiv., et 1012, C. civ.)

Le légataire particulier n'en est pas tenu. Les

donataires entre-vifs du père ou de la mère n'y contribuent nullement ; car ce n'est point à titre de *réserve légale* que l'adultérin les reçoit. La réserve légale est assurée aux héritiers (art. 930), et l'adultérin n'est pas *héritier* même irrégulier ; c'est par une exception au principe de l'irrévocabilité des donations que la réserve frappe sur les objets dont le donateur s'est dépouillé, et la cause de l'adultérin n'est pas assez favorable pour qu'on étende cette exception à son profit ; enfin, après la mort du père ou de la mère, l'action de l'adultérin ne s'exerce que contre leur *succession* (art. 764) ; or les choses données n'en font plus partie.

La loi du 12 brumaire an 2 (art. 13), accordait à l'adultérin, à titre d'alimens, le tiers en propriété de la portion à laquelle il aurait eu droit s'il fût né dans le mariage ; c'était un *droit fixe* dont il jouissait, qu'il fût ou non dans l'indigence. L'art. 762 est conçu dans un autre esprit : « Il n'a *pas même de créance*, disait M. *Siméon au Corps législatif*, il n'a droit qu'à la pitié. » Il n'a donc l'action en alimens que lorsqu'il est dans le besoin (art. 208 et 764) ; d'où la conséquence que, le besoin cessant, il ne peut plus l'exercer, s'il ne l'intente qu'en vertu de la loi et *ab intestat ;* mais il en est autrement si le père ou la mère lui ont constitué expressément par acte une pension : son titre est alors irrévocable pour toute sa vie. (Voy. page 196.)

« Lorsque le père ou la mère de l'adultérin lui auront fait apprendre un art mécanique, l'enfant ne pourra élever aucune réclamation contre leur succession. » (Art. 764.) Les parens ont la faculté de restreindre à la simple réserve les droits successifs de l'enfant légitime et à moitié ceux de l'enfant naturel; par suite de ce système, l'art. 764 leur permet ici de réduire l'enfant adultérin, à ne devoir sa subsistance qu'au travail qu'ils l'auront mis à même d'exercer. Pour qu'il soit abandonné ainsi à ses propres ressources, ce ne serait pas assez qu'il eût reçu une éducation soignée, qu'il eût cultivé les hautes sciences, etc., tout cela ne donne pas toujours du pain; il faut une industrie nourricière, un art *mécanique*, dit l'article. Il porte aussi que toute réclamation est interdite à l'enfant « si l'un de ses père et mère lui a, de son vivant, assuré des alimens; » quelle qu'en soit la modicité, pourvu qu'ils suffisent, et quand même ils ne seraient pas proportionnés à l'opulence de la succession; on n'aurait point dans ce cas, par exception à l'art. 763, égard aux riches facultés du père ou de la mère. Ce sera pour eux un moyen de punir l'enfant des mécontentemens qu'ils en éprouveraient. La succession de celui des deux qui n'aurait donné ni état ni alimens, n'aurait néanmoins rien à fournir à l'enfant, il suffit qu'il soit hors de besoin.

102. L'enfant adultérin ne peut par donation entre-vifs ou par testament, rien recevoir au-delà des alimens. (Art. 762, 908 .)

Si une disposition du père ou de la mère lui attribue davantage, toute personne intéressée serait fondée, à mon avis, à lui disputer ce qui excéderait les simples alimens : les donataires universels à cause de mort, et légataires universels ou à titre universel du père auraient ce droit. Telle n'est pas l'opinion de M. *Loiseau* : « Il nous paraît, dit-il *Traité des enf. nat.*, » p. 755), que les donataires et légataires du » père ne peuvent pas demander la réduction » des avantages excessifs faits par le père à son » enfant adultérin , parce que l'art. 908 n'a » point été porté dans leur intérêt, mais uni- » quement en faveur des héritiers du sang ; » qu'en conséquence l'adultérin doit être ici » considéré comme un étranger ; qu'à leur » égard il n'a plus la même incapacité. » Cette doctrine est inadmissible : non, la prohibition des donations excessives, en faveur des enfans adultérins, n'a point été établie uniquement au profit des héritiers du sang ; l'espoir de rendre

moins fréquentes les unions illégitimes en dé-
fendant aux coupables d'en enrichir les fruits,
voilà une considération qui a aussi puissam-
ment inspiré le législateur : ce n'est point là une
loi faite dans un intérêt privé seulement. Ces
héritiers du sang, ces parens jusqu'au douzième
degré sont en général, et si vous exceptez les lé-
gitimaires, tout au plus autant favorisés que les
héritiers institués ; pourquoi leur supposer ici,
à l'exclusion de ces derniers, le privilége d'attaquer la donation excessive?... L'inhibition d'a-
vantager immodérément l'adultérin est dictée
par les mêmes motifs qui le font exclure de la succession : quels sont-ils? Si ce n'était que l'intérêt
des successibles, le Code aurait dit qu'à défaut
d'autres successibles, l'adultérin pourrait recevoir la totalité des biens du père ; c'est ainsi
qu'il l'a dit à propos des enfans simplement naturels (art. 758 et 908). Mais par cela même
qu'il a au contraire déclaré que l'art. 758 est
inapplicable à l'adultérin, on reconnaît que la
défense des dispositions excessives à son profit
dérive d'une autre cause, l'intérêt des mœurs.
Au soutien de l'opinion de *Loiseau* invoquerait-
on l'art. 921 (1)? Il y aurait confusion de prin-

---

(1) Art. 921 : « La réduction des dispositions entre-vifs ne
pourra être demandée que par ceux au profit desquels la loi

cipes ; la réduction prévue par cet article n'a pour but que de remplir la réserve ; les seuls héritiers à réserve la peuvent demander ; cette réduction est toute éventuelle ; la donation, dans ce cas, est maintenue intégralement, ou diminuée, selon que le défunt laisse plus ou moins de biens, selon qu'il a ou n'a point d'héritier légitimaire ; elle est valable dès le principe, seulement la quotité dépend de l'événement, tandis que la libéralité faite à un adultérin est nulle dès le principe, faute de capacité, pour tout ce qui excède les alimens (art. 762, 908); ce n'est plus dans le chapitre *de la Réduction des donations et legs* qu'il faut chercher les règles relatives à cette matière ; la demande en réduction n'est alors qu'une action en *nullité* contre l'excédant (art. 902 et 911), et cette nullité est ici *d'ordre public;* le droit de la faire déclarer n'est donc pas limité aux seuls héritiers. On prétend « que les légataires tiennent tous » leurs droits du défunt, que *le défunt n'eût pu* » *se plaindre* de ses dispositions excessives, que » ses légataires sont dans le même cas. » (*Loiseau,* p. 673, 674, 755.) Je crois au contraire

---

fait la réserve, par leurs héritiers ou ayant-cause. Les donataires, les légataires, ni les créanciers du défunt ne pourront demander cette réduction ni en profiter. »

le donateur autorisé lui-même à réclamer contre une donation qui excéderait évidemment la mesure alimentaire : oppose-t-on la maxime *Nemo auditur turpitudinem suam allegans?* On abuse de cette règle; si l'on se bornait à dire que nul ne doit tirer profit de son délit, parce qu'autrement on en ferait un objet de spéculation, cette idée serait juste; mais il s'agit non pas de s'enrichir, non pas d'acquérir un profit, mais de reprendre ce dont on était, dont on n'a point légalement cessé d'être propriétaire; pourquoi empêcher le père de retirer à lui une donation qu'il n'avait pas le droit de faire, que l'enfant ne pouvait pas recevoir et que la loi regarde comme non avenue? Ce qu'il demande, c'est de rentrer en deçà des bornes qu'il ne lui était pas permis de franchir. La contravention du donateur et l'incapacité du donataire auraient pu suggérer au législateur d'intervenir et de confisquer; mais cette mesure n'ayant pas été adoptée, il faut détruire un état de choses nul aux yeux de la loi, cela vaut mieux que de laisser ce qu'elle condamne subsister sous prétexte de la turpitude du donateur (1)... Si donc celui-

---

(1) C'est ainsi qu'un mariage, contracté en contravention aux art. 144, 147, 161, 162, 163, peut être attaqué par les époux eux-mêmes, sans qu'on leur oppose qu'ils allèguent leur propre turpitude.

ci pouvait attaquer lui-même sa disposition, ceux qui tiennent de lui leur droit le peuvent; car l'action en nullité faisait partie des biens donnés. En vain objecterait-on encore « que » les légataires et donataires doivent d'autant » mieux se soumettre aux dispositions du père » en faveur de l'enfant qu'ils tiennent tous leurs » droits du premier; que la volonté de l'homme » est indivisible, que l'on ne peut la scinder » pour exécuter les dispositions favorables et » attaquer les dispositions contraires. » (*Loiseau,* p. 755.) Pourquoi donc ne la scinderait-on pas? Pourquoi n'exécuterait-on point les dispositions favorables au légataire, puisqu'elles sont valables? Pourquoi craindrait-on d'attaquer celles qui ont été écrites au profit de l'adultérin, puisqu'elles sont nulles? Quant à la volonté de l'homme qu'on prétend indivisible, il suffit de renvoyer à l'art. 900 pour prouver qu'elle ne l'est pas (1)... Disons donc que la faculté de faire rescinder la libéralité excessive au profit de l'enfant adultérin, n'appartient pas seulement aux héritiers du sang, et que le dé-

____

(1) Aux termes de cet article, dans toute disposition entre vifs ou testamentaire, on n'a point égard aux conditions illicites ou immorales, et l'on n'en exécute pas moins la donation que le disposant en faisait dépendre; on divise sa volonté.

faut d'héritiers ou leur silence ne rend pas moins scandaleuse et moins illégale une pareille donation ; tout intéressé la peut faire annuler (1).

Cette disposition sera nulle, soit qu'on la déguise sous la forme d'un contrat onéreux, soit qu'on la fasse sous le nom de personnes interposées. Sont réputées personnes interposées les père et mère (Voy: d'ailleurs le N°. **62**), les enfans et descendans, et l'époux de la personne incapable. (Art. 911.) Une Cour avait jugé que cet article ne s'appliquait pas aux père et mère d'un enfant adultérin, « que le fondement de » la prohibition à l'égard des personnes inter-» posées est pris dans la supposition que ces » personnes peuvent *et doivent* remettre les » biens à l'incapable, ou qu'il les recevra en » tout ou partie comme successible ; mais que » l'enfant n'est point successible de la mère ; » qu'il est inhabile à recevoir d'elle à un titre » quelconque, d'où il résulte que toute idée de

______

(1) Le décret du 17 nivôse an 2 déclarait nulles certaines donations, et l'art. 57 ajoutait : « Le droit de réclamer le bénéfice du décret, quant aux dispositions qu'il annulle, n'appartient qu'*aux héritiers* naturels. » Le Code ne présente aucune disposition semblable : il faut se rappeler aussi que ce décret était en partie une loi de circonstance, sur-tout dans les articles relatifs aux diverses causes de nullité.

» fidéi-commis tacite en sa faveur disparaît,
» puisque la transmission *légale* ne saurait avoir
» lieu; que l'art. 911 se référant naturellement
» aux incapables dont il est parlé dans les arti-
» cles précédens de ce chapitre, et les enfans
» adultérins n'étant pas dénommés dans ces ar-
» ticles, il est de conséquence qu'ils ne sont
» pas compris dans sa disposition; qu'à la vé-
» rité, il se réfère à l'art. 908, mais que ce der-
» nier article parlant des enfans naturels qui
» peuvent recevoir par donation ou par testa-
» ment conformément au titre *des Successions,*
» on ne peut rapporter cette disposition qu'aux
» simples enfans naturels, et *non aux adulte-*
» *rins, car il n'y a jamais de succession à l'é-*
» *gard de ceux-ci;* qu'il résulte de ces principes
» que les père et mère des adultérins ne sont
» pas du nombre des personnes interposées de
» droit, et qu'ainsi les dons faits en leur faveur
» ne peuvent être attaqués que sous le rapport
» d'une interposition résultante des circons-
» tances, comme à l'égard de toute autre per-
» sonne, dans les cas indéterminés. » Cette doctrine a été formellement professée par la Cour
de Grenoble (1); ce sont ses termes que nous
venons de rapporter. Mais la Cour suprême l'a

______

(1) Arrêt du 15 juillet 1811 , SIREY, 12.-2. 436.

justement condamnée en cassant (1) l'Arrêt pour violation des art. 908, 911, 1352 : en effet, l'article 911 répute personnes interposées les père et mère, même adultérins, car il ne distingue pas ; on n'a point uniquement considéré qu'il pourrait s'opérer, de la personne interposée à l'incapable, une transmission *légale*, on a craint encore une transmission *de fait* à laquelle les père et mère adultérins se prêteraient toujours aussi complaisamment que d'autres. De ce qu'il n'y a pas de succession pour l'adultérin, l'Arrêt cassé concluait que l'art. 908 ne se rapporte point à lui ; fausse conséquence, car cet article ne suppose pas qu'il y ait succession pour les enfans dont il s'occupe, que dit-il ? « Les enfans naturels ne pourront rien recevoir au-delà de ce qui leur est accordé au titre *des Successions* : » L'adultérin est enfant naturel ; il lui est, au titre *des Successions*, accordé des ali-

---

(1) Cassation, 13 juillet 1813, SIREY, 13.-1.-361.— Jugé dans le même sens que la Cour de cassat. par la Cour de Bordeaux, 13 février 1806, *Jurisprudence du Code civil*, t. 6, p. 393. — La Cour d'Angers a rendu un arrêt conforme à cette doctrine, en ajoutant que les conventions matrimoniales entre les père et mère adultérins ne peuvent être annulées comme renfermant un avantage indirect en faveur de l'enfant. SIREY, 7.-2.-1104, et *Journal du Palais*, an 1807, n°. 480, art. 92. — Sur ce dernier point, voy. ci-dessus n°. 63.

mens, il ne recevra rien au-delà ; voilà tout ce que porte l'art. 908, c'est à tort que l'Arrêt en tirait d'autres inductions.

Si les père et mère sont censés personnes interposées vis-à-vis de l'enfant adultérin incapable, celui-ci à son tour est de droit interposé vis-à-vis de ses père et mère frappés de quelque incapacité. (Art. 911.)

Un adultérin se trouve au-dessus du besoin, il n'a pas alors le droit d'*exiger* des alimens ; a-t-il celui d'en *recevoir* par donation ou legs ? Il est incapable de rien recevoir au-delà de ce qui lui est accordé par l'art. 762 ; et comme cet article, entendu dans son vrai sens, ne lui donne pas d'alimens lorsqu'il est dans l'aisance, il semble en résulter que, dans ce cas, l'acte qui lui en assure doit être sans effet ; ce serait du superflu, tandis que la loi borne au nécessaire la faculté de disposer en sa faveur. Cette décision, tirée de l'esprit des art. 762 et 908, serait moins conforme à leur teneur littérale ; qui permet la disposition simplement alimentaire par donation entre-vifs ou par testament, sans en faire dépendre la validité du besoin qu'en aurait le donataire, aujourd'hui aisé, peut-être pauvre demain.

Puisque l'adultérin déjà riche peut recevoir une donation d'alimens, à plus forte raison s'il lui est survenu de la fortune, continuera-t-il de pouvoir exiger le service de ceux qui lui ont été constitués par acte, tandis qu'il était nécessiteux : son titre, à moins que le père ou la mère n'ait fait quelque réserve, est pour la vie; la pension une fois ainsi établie, est devenue sa propriété. Nous avons vu (N°. 101) qu'il en est autrement des alimens fournis *ab intestat* par la succession, en vertu de la loi, et non en vertu d'une donation formelle des père ou mère.

103. Les art. 767 et 768 du Code civil excluent bien clairement dans tous les cas l'adultérin de la succession *ab intestat* de ses père et mère : le fisc lui-même, qui est le pis-aller de la loi, lui est préféré; l'art. 762 tranchait d'ailleurs toute difficulté sur ce point : « L'art. 758, dit-il, n'est pas applicable aux enfans adultérins; la loi ne leur accorde que des alimens. » L'art. 756 porte aussi : « La loi n'accorde de droit aux enfans naturels sur les biens de leurs père ou mère décédés, que lorsqu'ils ont été légalement reconnus : » or, les adultérins ne peuvent l'être.

Proscrit de la succession paternelle et maternelle, l'adultérin l'est, à plus forte raison, de toute autre succession en ligne ascendante ou

collatérale : il est étranger à celle de son frère,
enfant *légitime* de son père, car les art. 750 et
les suivans, qui règlent les droits des frères légitimes, l'excluent ; étranger à celle de son frère,
enfant *naturel*, car, pour invoquer l'art. 766,
il faudrait qu'il fût son *frère naturel* (1), et il
ne l'est pas en matière de succession ; étranger
à celle de son frère, aussi enfant *adultérin*,
car nulle disposition de la loi ne l'y appelle ;
étranger de même à celle de tous autres collatéraux.

104. Succession de l'enfant adultérin :
Elle est dévolue d'abord à ses enfans légitimes
(art. 745) ; vis-à-vis d'eux, peu importe le vice
de sa propre naissance, les règles ordinaires
sont suivies, et ses enfans naturels, s'il en a en
même temps, reçoivent le tiers de la portion
héréditaire qu'ils auraient eue s'ils eussent été
légitimes ; s'il n'a d'autres enfans que des bâtards, ils prennent la totalité de ses biens, car
il n'a pas d'autres parens successibles. A défaut
d'enfans naturels, son conjoint recueille les

---

(1) « En cas de prédécès des père et mère de l'enfant
naturel, tous ses biens (autres que ceux qu'il avait reçus
d'eux) passent aux frères et sœurs *naturels* ou à leurs descendans. » (Art. 766.)

biens ; sinon ils sont acquis à l'État. Je ne fais figurer parmi les ayant droit ni les frères et sœurs que la loi n'appelle pas (l'art. 766 est inapplicable), ni les père et mère. M. *Loiseau, Traité des enfans naturels,* p. 757, pense que les père et mère viennent à défaut de descendans, et à l'exclusion du conjoint survivant et du fisc : c'est, je crois, une erreur. Pour prendre une hérédité, il faut y être appelé, et les père et mère de l'adultérin ne le sont pas ; ils n'invoqueraient sans doute point l'art. 765, qui porte : « La succession de l'enfant naturel décédé sans postérité est dévolue au père ou à la mère qui l'a reconnu, ou par moitié à tous les deux, s'il a été reconnu par l'un et par l'autre. » L'article ne parle que de la succession de l'enfant *naturel reconnu* volontairement ou forcément (articles 340 et 341); c'est donc uniquement aux parens *naturels* que la loi donne des droits, et non aux parens adultérins ; on est loin de leur devoir la même faveur. D'ailleurs, leur succession n'est jamais déférée à leur enfant, qui, moralement parlant, aurait plus de droits à la leur, qu'eux à la sienne ; on ne voit pas même que le Code leur accorde, *sur sa succession,* les alimens nécessaires au soutien de leur vie ; ils n'inspirent point assez d'intérêt pour qu'on leur permette de réclamer, *contre des héritiers* qui leur sont étrangers, le principe de la réciprocité en matière d'alimens.

Si au lieu de fournir une pension à l'enfant, il a plu aux parens de lui donner un capital une fois payé, et que bientôt l'enfant meure sans avoir employé cette somme, la reprendront-ils? En un mot étendra-t-on jusqu'à eux le bénéfice de l'art. 747, ainsi conçu: «Les ascendans succèdent, à l'exclusion de tous autres, aux choses par eux données à leurs enfans ou descendans décédés sans postérité, lorsque les objets se retrouvent en nature dans la succession? » Cette disposition me semble étrangère aux parens adultérins; elle est placée au chapitre des *Successions légitimes*. On accorde, il est vrai, la réversion aux parens *naturels;* mais c'est moins en vertu de l'art. 747 que par interprétation de l'art. 766, portant: « En cas de prédécès des père et mère de l'enfant *naturel,* les biens qu'il en aurait reçus passent aux frères et sœurs légitimes : » d'où l'on conclut qu'à plus forte raison les père et mère eux-mêmes, s'ils vivaient, retireraient les choses par eux données. Rien de pareil en matière de succession d'*adultérin;* l'art. 747 serait donc le seul dont on essaierait d'argumenter, mais inutilement. Ce n'est plus, comme dans l'ancienne Jurisprudence, un droit de *retour* qu'il établit, mais un droit de *succes-*

sion ; la loi n'admettant point les parens adultérins à *succéder* au reste des biens de l'enfant,
ne les appelle point à *succéder* aux biens pro-
venant d'eux-mêmes : ils pouvaient stipuler le
droit de retour conventionnel. (Art. 951 , C.
civ.)

TABLE

ALPHABÉTIQUE DES MATIÈRES.

A.

E.

F.

H.

I.

L.

FIN DE LA TABLE ALPHABÉTIQUE DES MATIÈRES.

INDEX

D'OUVRAGES SUR L'ADULTÈRE ET SUR LES ENFANS
ADULTÉRINS.

Juliam de adulteriis. *Man-tuæ*, 1789.

B. J. VAN MEURS, *Diss.* de adulterio. *Lugd. Batav.*, 1799.

T. C. BECKER, vid. n°s. 15, 178, 221, 225, 236, apud ejus *Rff.*

C. F. HOMMEL, *Obs.* 135, 139, 249, 361, 487.

J. R. ENGAU, vid. ejus *Decis.*, part. III, n°s. 7, 20, 21, 24, 42, 62, 108, 112, 116, 121, 145, 137, 167, 164. — Part. III, sect. 2, n°s. 19, 20. — Part. II, sect. 2, *Resp.* 12, 51.

De WEITTENAU, vid. ejus *Consil.*, n°s. 18, 51, 52.

H. A MARSELIS. *Diss.* de adulterio. *Lugd. Bat.*

MERLIN, *Répert. univ. de jurisprud.*, v°. *Adultère.*

S. TOELMANN, *Diss.* de publicis judiciis, de adulterio et stupro. *Rost.*, 1624.

F. STYPMANN, *Diss.* de publico adulterii crimine. *Gryph.*, 1642.

A. SANDHERR, *Diss.* de his qui accusare possunt vel non possunt in crimine adulterii. *Arg.*, 1745.

C. TREITLINGER, *Disp.* de accusatoribus et pœnâ adulterii. *Argent.*, 1759.

R. N. de NELLENBURG, *Diss.* de crimine adulterii, *Bud.*, 1784.

H. L. THILO, *Diss.* de crimine adulterii. *Lips.*, 1810.

L. PIRMEZ, de marito tori vio-

lati vindice, ex jure romano. *Lovan.*, 1822.

A. B. WERNER, de crimine adulterii non transigibili. *Lips.*, 1706.

A. LEYSER, de lenocinio. *Vitemb.*, 1737.

H. SALMUTH, de adulterio cum incestu commisso. Vid. ejus *Resp. jur.*, 2.

C. WAGENSEIL, *Sota*, hoc est liber mischnicus....., de uxore adulterii suspectâ. *Alt.*, 1674.

J. G. BAUER, *Progr.* de veritate criminis perpetrati, *Corpus delicti* vocari solitâ in adulterio. *Lips*, 1739.

I. R. KUGLER, *Diss.* de probatione adulterii. *Arg.*, 1750.

J. C. BAETGE, *Disp.* de juramentis, maximè inter conjuges in casu imputati adulterii, *Hamb.*, 1751.

De CANNGIESSER, de adulterio præsumpto. Vid. ejus *Decis.*, n°. 278.

TRAICTÉ *du divorce par l'adultère;* savoir, s'il est permis à l'homme ou à la femme, dans ce cas, de se remarier. *Paris*, 1586, 1629, 1655.

DISCOURS *sur le divorce par l'adultère. Antv.*, 1589.

E. BANNIUS, de divortio ob adulterium. *Oxonii*, 1610.

G. T. SCHWENDENDORFFER, *Diss.* de adulterio, quatenùs

divortio causa est. *Lips.*, 1653.

J. G. STAFFEL, *Diss.* de adulterio matrimonium non dissolvente. *Erf.*, 1782.

T. J. REINHART, *Diss.* de adulterio matrimonium non dissolvente. *Erf.*, 1732.

J. C. DORNSPERGER, de adulterii exceptione. *Basil.*, 1716.

J. H. BOEHMER, *Diss.* de privatione dotis et successionis statutariæ ex capite adulterii. *Hal.*, 1724.

S. F. WILLENBERG, *Diss.* de privatâ vindictâ contrà adulteros. Vid. ejus *Discurs. jur.*, n°. 65 et seq.

NOUGAREDE, *Lois du mariage et du divorce*, Paris 1816. — *Jurisprudence du mariage.* Paris 1817.

———

G. F. PANCUG, *Diss.* de pœnâ adulterii, ejusque indulgentiâ. *Argent.*, 1679. — *Diss.* II. *Arg.*, 1680.

J. TESMARUS, de adulterio impunito. *Marb.*, 1685.

J. SALENI *Diss.* de pœnis adulterii apud veteres. *Upsal.*, 1695.

G. LENGNICH (seu J. P. DE LUDEWIG), *Diss.* de origine atque progressu pœnæ adulterorum apud Romanos. *Hal.*, 1712.

J. F. TROPPANEGER, de mitigandâ adulterii pœnâ ob denegatum debitum conjugale. *Lips.*, 1713.

P. SCHROTERI *Progr.* de pœnâ

adulterii post mortem conjugis detecti. *Viteb.*, 1713.

P. B. GERDESIUS, de pœnâ adulterii ex jure divino et humano. *Gryphisw.*, 1719.

J. P. STREIT, de observandâ in correos adulterii pœnarum æqualitate. *Erf.*, 1719.

J. F. WERNHER, *Diss.* nùm judicium institutum contrà *Suzannam* uni alterive juri conveniat. *Viteb.*, 1727.

C. G. HOFFMANN, de dissensu jurium in puniendo adulterii crimine. *Francof.*, 1727.

M. A. MOGG, *Diss.* de pœnâ adulterii. *Arg.*, 1736.

G. C. GEBAUER, *Prog.* de supplicio adulterorum. *Gotting.*, 1743.

J. L. E. PUTTMANN, *Diss.* de causis adulterii pœnam mitigandi. *Lips.*, 1775.

F. X. L. L. DE GARBENFELD, *Diss.* de pœnis adulterii. *Arg.*, 1779.

E. F. HAUPT, *Diss.* de pœnâ adulterii, *Lips.*, 1797.

CARNOT, *Commentaire sur le Code pénal*, art. 324, 336 et suivans.

———

J. ZEITHOPF, de jure occidendi prehensum in adulterio, filiæ et uxoris. *Lips*, 1640, 1667, 1701, 1712.

J. MEINERTZHAGEN, de veniâ adversarium suum in sanguine corrumpendi adultero non negatâ. *Lugd. Bat.*, 1729.

J. G. SCHAUMBURG, *Diss.* de præjudicio principum ex usu

juris occidendi adulterum. *Rint.*, 1735.

A. G. VERMEULEN, *Diss.* de homicidio ob adulterium. *Lugd. Batav.*, 1791.

———

LOISEAU, *Traité des enfans naturels, adultérins, inces-* tueux, *et abandonnés. Paris,* 1811.

DELAMALLE, *De la paternité et de la filiation. Paris,* 1817.

C. A. PLOQUET, *Diss.* de liberis naturalibus et ex nefando coïtu natis. *Leodii,* 1818.

J. VIOT, *Diss.* de paternitate et filiatione. *Leodii,* 1818.

FIN DE L'INDEX D'OUVRAGES SUR L'ADULTÈRE ET

SUR LES ENFANS ADULTÉRINS.

Paris. — Imprimerie de Mme. HUZARD (née VALLAT LA CHAPELLE),
rue de l'Éperon, n°. 7.

www.ingramcontent.com/pod-product-compliance
Ingram Content Group UK Ltd.
Pitfield, Milton Keynes, MK11 3LW, UK
UKHW022343130726
13694UKWH00006B/529